SABRINA HEINKE

Am ENDE meiner NERVEN sind noch KINDER übrig

Weniger schimpfen, weniger Chaos und weniger Stress im Familienalltag

INHALT

Achtung, hier schreibt eine „normale Mutter"!

„Und an dem Tag, als ich dich das erste Mal sah, war ich mir sicher, dass du perfekt bist. Ich muss aus dir nichts machen und du musst für mich nichts werden. Du bist bereits genau so richtig. Und mit dieser Erkenntnis verpuffen Strafen in Schall und Rauch, verschwimmen Vorgaben, Druck und Versuche, dich zu formen. All das ist nicht notwendig, wenn ich der Rahmen bin und dich halte, wenn du es brauchst."

Hier schreibt keine Familientherapeutin, keine Psychologin, keine Pädagogin und auch keine Familienministerin. Ich bin es – eine ganz gewöhnliche und inzwischen recht entspannte Mutter von drei wundervollen Kindern.

Aber von vorn: Ich selbst hatte eine wunderschöne Kindheit mit vielen Freiheiten, einer Menge Vertrauen und frei von Strafen. Ich erinnere mich gerne daran zurück und stellte mir das Zusammenleben mit eigenen Kindern mindestens genauso schön vor, wenn nicht gar als eine Steigerung dessen, wie ich groß geworden bin.

Als ich 2011 zum ersten Mal Mutter wurde, durchlebte ich eine Gefühlsachterbahn. Ich war mir nicht klar darüber, vor welche Herausforderungen mich ein eigenes Kind stellen würde. Mir war auch nicht bewusst, wie sehr es mich verändern würde, und ich ahnte nicht annähernd, welch innige Liebe man für sein eigenes Kind spüren kann. Kurzum: Ich war überwältigt. Überwältigt von meinen Gefühlen und von dieser riesigen Aufgabe, die ich nun als Mutter haben würde und gleichzeitig dieser Macht, die ich in meiner Hand hielt. Vielleicht kannst du dich an den Moment erinnern, als du das erste Mal mit deinem Baby allein warst? Es fühlte sich für mich an, als wären just in dem Moment zwei schwere Steine auf mich gefallen. Auf dem ersten Stein stand: „Deine Verantwortung" und auf dem zweiten leuchtete in Blinkschrift: „Versaue es nicht!"

Ich verließ das Krankenhaus mit vielen großen Fragezeichen im Kopf und wusste nur eines: Ich wollte die perfekte Mutter für mein Kind sein. Ich wollte alles richtig machen und meinem Kind damit die besten Chancen ermöglichen. Diese Gedanken und Wünsche teilen viele Eltern, und doch ist es aus heutiger Sicht für mich ein naives, unerreichbares Ziel. Perfekt zu sein bedeutet Konkurrenzkampf, Druck und Einbahnstraße.

Nach oben hin gibt es keine Steigerung. Man muss funktionieren, jederzeit und überall, und man fängt an, sich zu vergleichen. Das geht so lange gut, bis das Kartenhaus zusammenfällt und man merkt, dass es eigentlich gar nicht funktioniert und man seine elterliche Macht missbraucht. An diesem Punkt fand ich mich wieder, inmitten von Diskussionen, Unverständnis, täglichen Kämpfen, Schimpfen und Unzufriedenheit und entschied mich, genau das über Bord zu werfen. Mamasein ist kein Wettbewerb. Es ist auch keine Rolle oder nur eine Aufgabe. Es ist ein Teil unseres Lebens und wir haben dafür die Verantwortung. Wer sind wir, wenn wir nicht versuchen, diesen doch beachtlichen Abschnitt so entspannt und friedlich wie möglich für alle zu gestalten?

Ich setzte mir ein großes Ziel: Entspannter werden. Ich wollte verdammt noch einmal aufhören, laut zu werden und die Kinder mit meiner bloßen Willkür zu überfahren. Hierzu musste ich nicht nur meinen Alltag optimieren und meinen Blick auf mein Kind ändern, sondern vor allem auch an meiner Sichtweise arbeiten. In den sozialen Netzwerken habe ich in den letzten Jahren immer wieder über meine Reise berichtet und steckte dadurch einige Nachahmerinnen an.

Wer weiß, vielleicht kann ich auch dich ein wenig inspirieren und dir ein paar Tipps geben, die mir so sehr weitergeholfen haben und auch heute noch täglich Unterstützung bieten.

Dieses Buch soll zeigen, wie der Alltag als Mutter unkomplizierter, ja nahezu entspannt und harmonisch verlaufen kann. Es soll zeigen, welche Lösungen es in noch so nervenaufreibenden Momenten gibt, und es soll dir helfen, den Alltag zwischen Kind und Kegel gelassener anzugehen. Genauso soll es dir aber auch zeigen, dass es okay ist, Mensch zu sein, und dass deswegen auch ein schlechter Tag dazugehören darf.

Gesellschaftsdruck auf Wiedersehen!

Ich denke häufig an eine Situation zurück, die nun schon über sieben Jahre zurückliegt. Ich war damals schwanger und sehr gespannt darauf, wie es so sein wird als Mutter.

Als ich bei meinem Frauenarzt im Wartezimmer saß, belauschte ich das Gespräch zweier Frauen, die allem Anschein nach bereits Mütter waren und nun ein weiteres Kind erwarteten. Das Gespräch bezog sich auf das Thema Stillen.

Beide Mütter äußerten sich ziemlich abwertend über alle Damen, die sich nicht dazu entschieden, zu stillen. Hätte ich in dem Moment nicht gewusst, dass eigentlich ganz normale Mütter Gegenstand des Gesprächs waren, so hätte ich von der Beschreibung her wohl eher das Bild eines Kriminellen im Kopfe geformt. Der Grundton war, dass sogenannte Flaschenmütter die Gesundheit des Säuglings gefährdeten. Sie würden die Bindung zum Baby direkt aufs Spiel setzen und wären egoistische Menschen, die nur an sich denken. Es ging weiter über Kaiserschnittmütter, die ebenfalls gar nicht erst Mütter werden dürften, bis man schlussendlich dazu überging, sich über Eltern aufzuregen, die den Kindern nicht von Anfang an „gute Manieren" beibrächten. Ich saß dort auf meinem Stühlchen und wurde gefühlt von Minute zu Minute ein wenig kleiner. Das Schlimme war: Ich fühlte mich schlecht – hatte ich mir doch gar keine Gedanken dazu gemacht, ob ich überhaupt stillen wollte. Auch wusste ich nicht, wie die Geburt verlaufen würde, und mit der ganzen Erziehungssache hatte ich mich nicht einmal annähernd befasst.

Ich beschloss, mich abzulenken und eine der vielen Zeitschriften zu lesen. Ich wälzte ein paar Seiten und es schrie mich ein Artikel darüber an, warum man dem Baby am besten keinen Schnuller geben sollte. Toll, in nicht einmal einer Stunde war ich gefangen im Gesellschaftsdruck und machte mir ernsthaft Gedanken darüber, was man wohl von einer guten Mutter erwarten würde.

Diese Situation war nur eine von vielen weiteren, die mich in Hinblick auf die eigene Erziehung und das „richtige Mutterbild" verunsicherten. Ich schwöre: Man kann in Sachen Kinder so ziemlich über alles diskutieren. Es fängt bei der Wahl des richtigen sensitiven Waschmittels an, dreht sich weiter darum, ob es nun besser ist, das Kind im Tuch zu tragen oder im Wagen zu fahren, bis dahin, ob es besser ist, sein Kind in der Schule mit Noten oder Gesichtern zu bewerten. Sicher ist nur eines: Themen, um andere Mütter in ein schlechtes Licht zu rücken, gibt es ausreichend. Die Frage ist also, was man selbst daraus macht.

Wie wichtig bin ich und wie wichtig sind die anderen?

Ich für meinen Fall habe mich besser spät als nie dazu entschieden, auf die Meinung Dritter einfach weniger zu achten. Natürlich höre ich mir Ratschläge an, und ich tausche mich gerne mit anderen Menschen aus, aber ich lasse keinen Gesellschaftsdruck auf mich wirken. Du hast es leichter, wenn du dir bewusst machst, dass Außenstehende deine Familie nicht kennen.

Sie können nur bedingt einschätzen, was für dich und deine Familie das Richtige ist. Keiner von ihnen weiß, wie deine Kinder in bestimmten Situationen reagieren. Keiner dieser Miesmacher wird abends bei dir vorbeikommen, um eine eskalierte Situation aufzulösen. Deine Kinder werden auch nicht zu diesen Müttern gehen und sagen: „Du, der Tipp, den du meiner Mama da gegeben hast, war aber mal richtig doof."

Du setzt den Grundstein für das fortschreitende Leben deines Kindes, und genau deshalb bist du beziehungsweise seid ihr als Eltern Experten für deine Familie. Ist es nicht ein tolles Gefühl, die ganze Sache einmal aus diesem Blickwinkel zu sehen? Und doch macht es in uns etwas. Wir haben das Gefühl, versagen zu können oder nicht genug zu tun. Ich möchte dir ein Geheimnis verraten: Wir machen uns zu viele Sorgen und wir vertrauen zu wenig. Wir sind zu gestresst und lassen es gar nicht zu, einfach einmal zufrieden zu sein. Mit diesem Buch soll sich das ändern.

DU BIST DRAN!

Für die nächsten Seiten lohnt es sich, Notizbuch und Stift bereitzuhalten. Wer weiß, vielleicht hältst du – nachdem du mein Buch gelesen hast – deine eigene Elternbibel in den Händen.

Erkenntnis 1:
Die anderen kochen auch nur mit Wasser

Wenn du das nächste Mal in eine Situation gerätst, die dich zum Schwitzen bringt und das Gefühl des Versagens hochschwappen lässt, dann denke daran, dass alle anderen Eltern auch nur mit Wasser kochen. Es gibt keinen Masterplan für das Zusammenleben als Familie, und ich kann dir hier mit absoluter Sicherheit verraten, dass auch die besten Kinder- und Jugendpsychologen der Welt genau die gleichen Sorgen oder Probleme haben wie du und ich. Sich schlecht zu fühlen, weil das Kind nicht allein einschlafen mag, mit drei Jahren noch in die Windel macht oder mit fünf Jahren den Namen noch nicht schreiben kann, ist nicht nötig.

Genauso solltest du aufhören, dich unter Druck zu setzen, weil du es wieder einmal nicht geschafft hast, die Wohnung in absolute Sterilität zu versetzen oder dich nach der Arbeit erschlagen fühlst und keine Lust hast, Brettspiele zu spielen. Du bist Mama, aber du bist auch Mensch und du darfst unperfekt sein. Den einzigen Menschen, denen du bis zu einem gewissen Punkt gefallen solltest, sind deine Kinder und dein Partner. Sie werden dich nicht daran messen, wie viele Strumpfpaare du in dieser Woche richtig zuordnen konntest.

Erkenntnis 2:
Die Erwartungen von (anderen) Menschen

Jeder Mensch stellt andere Erwartungen an das Leben. Logisch! Denn jeder Mensch hat andere Wünsche, die er sich erfüllen möchte. Genauso stellt jeder von uns andere Erwartungen daran, wie eine Mutter oder ein Vater sein sollte. Ich bin mir sicher, dass das Bild in deinem Kopf ein ganz anderes Bild davon ist, wie ich eine Mutter sehe. Eine Bekannte erzählte mir beispielsweise, dass man von einer guten Mutter erwarte, dass diese sich auch zu jedem Elternabend einfindet.

Es ginge ja schließlich um das Kind, und damit zeige man auch sehr deutlich sein Interesse am eigenen Nachkömmling. Erkennst du das Problem an solchen Erwartungen? Erwartungen sind oberflächlich. Sie sehen nicht, dass es Umstände gibt, die – um beim Beispiel zu bleiben – die Teilnahme am Elternabend verhindern könnten. Da könnten Kinder sein, die beaufsichtigt werden müssen, da könnte es sein, dass Arbeitszeiten querschlagen. Es könnte eine Erkrankung im Wege stehen, und trotzdem sieht meine Bekannte ihr Bild einer guten Mutter zerstört. Die Erwartungen, die sie an eine gute Mutter hat, werden für sie nicht erfüllt. Die Frage ist:

- Welches Bild hast du von einer guten Mutter?
- Was macht eine gute Mutter für dich aus?

DU BIST DRAN!

Du solltest dir die Antworten auf meine Frage schriftlich notieren. Sie werden dich bei Entscheidungen zukünftig unterstützen und deinen Familienalltag stressfreier halten. Also, schnapp dir am besten ein leeres Notizbuch und schreibe für dich schlagwortartig auf, wie eine gute Mutter sein sollte.

Erkenntnis 3: Mamasein ist kein Wettkampf

Würde ich ein Mutterbild skizzieren, das meine Erwartungen erfüllt, dann wäre es wohl eine topgestylte, kokette, durchtrainierte, auf den Punkt genaue, immer lächelnde, nie genervte Mutter, die absolut weiß, was richtig und was falsch ist. Das Ding an der Sache ist: Ich bin das nicht. Die Mutter, die ich da skizziere, gibt es schlicht und einfach nicht. Sie gibt es so wenig, wie es ein Richtig und Falsch in Sachen Kindererziehung gibt. Das glaubst du nicht? Dann beantworte dir doch einfach mal die Frage, ob es nun besser ist, seinem Kind zu sagen, dass man am Tisch nicht pupsen darf, oder es pupsen zu lassen und zu ignorieren oder es vom Tisch zu schicken, wenn es pupst. Womöglich legst du dich auf eine der drei Optionen fest oder du findest sogar eine vierte Option. Vielleicht läufst du gerade schon bei dem Gedanken rot an, weil es dich peinlich berührt.

Die Tatsache ist, dass alle Lösungen denkbar wären, weil jeder für sich individuell erzogen wurde und damit seine eigenen Erfahrungen in eine Familie einbringt. Für mich gibt es wenige Situationen, die ich als eindeutig falsch angesetzt definieren würde und genauso wenige, die ich mit absoluter Sicherheit als definitiv richtig abstempeln könnte.

Das Problem liegt darin, dass es in der heutigen Zeit wahnsinnig viele Ansätze gibt, zu erziehen und auch genauso viele Haltungen, die Eltern einnehmen können. Da kann es schon schwer sein, sich zu entscheiden und seinen eigenen Weg zu finden.

Genauso ausgeschlossen ist es deshalb für mich, alles perfekt machen zu können. Elternsein ist nicht messbar, und genau deshalb sollten wir den Perfektionismus hintanstellen und etwas entspannter mit unseren Kindern zusammenleben. Ich will später nicht von meinen Kindern hören, dass ich jederzeit perfekt war und dass ich die Mutter der Mütter bin. Ich will hören, dass ich da war, dass ich es gut gemacht habe und dass ich mir Fehler eingestehen konnte.

Wir sollten verinnerlichen, dass

- Muttersein kein Wettkampf ist,
- wir aufhören sollten, aus unseren Kindern eine „Pro-Version" unseres eigenen Selbst zu machen,
- wir mit anderen nicht vergleichbar und damit auch nicht ansatzweise messbar sind,
- Fehler menschlich sind,
- Rabenmütter gute Mütter sind. Raben kümmern sich tatsächlich sehr gut um ihre Nachkommen.

DU BIST DRAN!

Schau dir deine eben notierten Stichpunkte noch einmal an. Wen hast du skizziert? Dich als perfekte Mutter oder dich als Mensch mit Fehlern? Streiche all das weg, was unerreichbar scheint und mache aus der perfekten Mutter dich – eine gute Mutter.

Erkenntnis 4:
Bestimmter Erziehungsstil = Einbahnstraße

Ich treffe sehr oft auf Mütter, die sich unbedingt einer bestimmten „Riege" zuordnen wollen. Da gibt es die Unerzogenen, die Bedürfnisorientierten, die Autoritären, die Demokraten, die Antiautoritären und so weiter. Jede für sich glaubt, die eierlegende Wollmilchsau gefunden zu haben, und just erwischt man sich selbst dabei, dass man sich orientierungslos fühlt und fragt: „Wie erziehe ich eigentlich? Welchen Stil verfolge ich?"

Ich habe mir die Mühe gemacht und über alle gängigen Erziehungsstile recherchiert. Für jeden Stil findet man pro und kontra. Auf den ersten Blick wirkt das vielleicht kurios, doch auf den zweiten Blick ist es für mich eine ganz logische Sache: Tatsache ist, dass es die eierlegende Wollmilchsau in Sachen Erziehung (noch?) nicht gibt.

Noch faszinierender ist für mich, dass Männer sich wesentlich weniger mit dem Thema: „Welchen Erziehungsstil wähle ich?" befassen. Viele der mir bekannten Väter ordnen sich nicht zu, und ihnen ist es auch nicht wichtig, dass ihre Art des Umgangs mit dem Kinde einen bestimmten Namen trägt. Sie tauschen sich auch seltener in Internetforen darüber aus, und sie verbünden sich weniger mit „gleichgesinnten Erziehungsfreunden". Männer sind gefühlt einfach „Macher".

Für mich handelt es sich damit vor allem um ein Orientierungsproblem der Frauenwelt. Man könnte fast meinen, man müsste es beim Namen nennen können, um eine Entscheidung zu fällen.

DU BIST DRAN!

Überlege für dich einmal kurz, welche Erziehungsansichten du als wichtig erachtest.
- Sind dir feste Regeln wichtig?
- Legst du Wert darauf, dass Kinder zu einer gewissen Zeit ins Bett gehen?
- Wie schaut das Essen bei euch aus?
- Beeinflusst du dein Kind?
- Lobst du dein Kind? Schimpfst du mit deinem Kind?

Das Ergebnis ist in den allermeisten Fällen, dass sich dort einige Aspekte vermischen und man die Antworten wohl keinem eindeutigen Erziehungsstil zuordnen könnte. Ich bin der Überzeugung, dass jede Familie ihr eigenes Modell findet – und so verschieden wie wir und unsere Kinder sind, so unterschiedlich sind die Methoden. Es zeigt, dass man keine Einbahnstraße fährt und dass man die Bereitschaft besitzt, über den Tellerrand hinauszublicken.

Es zeigt, dass man sich individuell auf die unterschiedlichen Charaktere in der Familie einstellt, und es zeigt für mich auch, dass man sich nicht von irgendwelchen Trendbewegungen mitreißen lässt. Erziehung ist für mich ein ständiger Prozess, der sich weiterentwickelt und angepasst wird. Ich sehe meine Art zu erziehen schon lange nicht mehr als eine Methode. Ich habe eine grundlegende Haltung eingenommen, und wir haben gemeinsam als Familie unseren eigenen Weg gefunden.

MEIN TIPP: ERZIEHUNGS-ROSINEN RAUSPICKEN

Mache dir nicht den Stress, dich auf einen einzigen Erziehungsstil festlegen zu müssen. Sei offen für Neues und picke dir deine persönlichen „Erziehungs-Rosinen" heraus.

Erkenntnis 5: Die Schwiegermutter ist auch „nur" ein Mensch

Mein erster Gedanke, als ich wusste, dass wir einen Sohn erwarten, war der, dass ich irgendwann auch dazugehören würde, zum Club der alten Drachen aka Schwiegermütter. Diese Antipathie gegenüber der eigenen Schwiegermutter ist ein Phänomen, das ganze Generationen verbündet. Man nehme fünf Damen. Mindestens vier dieser Frauen beschreiben die Mutter ihres Liebsten als Monster, welches die Nabelschnur zum Sohnemann noch nicht ganz durchtrennt hat.

Und was für Schandtaten diese Schwiegermütter ins Familienleben bringen: Sie mischen sich in die Erziehung ein, sie bekochen den Sohn, weil er sonst womöglich verhungert. Sie geben Tipps zu den Wandfarben, und sie verziehen die unter Mühe antrainierten Manieren der Kinder.

Ja, mir ging es auch lange Zeit so, dass ich die Mutter meines Mannes in einem dubiosen Licht gesehen habe. Schon wenn sich ihr hoheitlicher Besuch ankündigte, schrillten alle Alarmglocken. Es sollte sauber sein. Es sollte alles harmonisch wirken, und ich wollte auf keinen Fall irgendwelche Angriffspunkte bieten. Diese Inszenierung der perfekten Familie stresste ungemein, und ich war alles andere als eine lockere, liebenswerte Schwiegertochter. Das ging so lange weiter, bis ich mich wirklich einmal ehrlich fragte, warum ich so reagiere. Was sehe ich in Gefahr? Und als ich anfing, sie als Mensch mit Gefühlen zu sehen, erschien sie mir gar nicht mehr so bedrohlich.

Das klingt jetzt ganz furchtbar langweilig, die Schwiegermutter als „Mensch" anzusehen, aber es entspannt ungemein, wenn man erst einmal die Vorzüge erkennt:
- Ein Mensch macht Fehler.
- Er sagt manchmal blöde Dinge.
- Er kann mitunter schlecht loslassen.
- Er liebt seine Kinder, auch wenn sie erwachsen sind, und er will im Prinzip nur das Beste.
- Er liebt auch die Kinder seiner Kinder.
- Manchmal schießt ein Mensch über das Ziel hinaus und gibt ungefragt seine Meinung ab.
- Ein Mensch hat Bedürfnisse und trägt seine eigenen guten und schlechten Erfahrungen in sich.

DU BIST DRAN!

Ersetze das Wort Mensch durch Schwiegermutter in meinem Text. Ist es nicht seltsam? Versuche deiner Schwiegermutter neutral gegenüberzutreten und versetze dich in ihre Situation. Versuche, ihre Bedürfnisse zu sehen.

- Hat sie vielleicht Sorgen?
- Hat sie Angst?
- Hat sie schlechte Erfahrungen gemacht?

Denke daran, dass du mit großer Wahrscheinlichkeit einmal selbst Schwiegermutter sein wirst. Du musst nicht Beifall klatschen, aber du solltest ein gesundes Maß an Toleranz entwickeln, nicht nur für sie, sondern auch für dich.

Erkenntnis 6: Der Umgang mit Miesmachern

Eines solltest du als Mutter ganz fest im Kopf behalten. Du wirst es nie allen Menschen recht machen können. Es wird immer Befürworter und Gegner deiner Meinung geben. Das ist in Ordnung und gut so. Schwieriger machen es uns die Menschen, die augenscheinlich kein gutes Haar an uns lassen. Ich selbst habe über Jahre hinweg Beziehungen zu Menschen gepflegt, die mir nicht gutgetan haben. Sie haben mich verunsichert oder im schlimmsten Fall sogar für meine Lebensart und Einstellung verurteilt. Ich nenne solche Menschen gerne Minusmenschen. Sie sind das Gegenteil einer Bereicherung: Sie ziehen unserer Lebensqualität etwas ab.

Leider neigt man als Frau dazu, sich Gedanken über Kritik zu machen und sich ernsthaft infrage zu stellen. Grundsätzlich finde ich das nicht schlimm. Es tut gut, auch einmal andere Impulse zu erhalten, aber nicht um jeden Preis. Solltest du Menschen in deinem Umfeld haben, die dich und dein Innerstes runterziehen und dich gefühlt aussaugen, kann ich dir nur raten, dich von ihnen emotional zu lösen. Solche Miesepeter werden dich nicht voranbringen oder dir helfen, wenn es darauf ankommt. Ich bin sogar davon überzeugt, dass es Menschen gibt, die sich gerne am Gegenüber aufwerten, indem sie es ins schlechte Licht rücken.

Von diesen Müttern gibt es genau genommen zwei Kategorien. Zum einen wären das die Damen, die dir offen ins Gesicht sagen, dass du in ihren Augen der Totalversager schlechthin bist und in jedem zweiten Satz einbauen, dass „es so etwas bei ihren Kindern ja niemals gegeben hätte", und dann gibt es die Hinter-dem-Rücken-Macherinnen, die sich bei Dritten über dich auslassen. Die erste Variante ist mir eindeutig lieber, auch wenn es arg wehtut.

Leider ist Variante 2 deutlich häufiger vertreten, da uns Frauen das Lästern irgendwie in die Wiege gelegt wird oder zumindest eine Veranlagung dazu. Was auch immer der Grund für Feindseligkeiten sein sollte, nimm es nicht an oder einfach gesagt: Stehe drüber! Mach dich nicht zum Spielball und verhalte dich neutral. Es hilft dir zu erkennen, dass diese Menschen aus einer eigenen Verletzung heraus handeln. Halte den Kontakt zu den Menschen von vornherein oberflächlich, bei denen du ein ungutes Gefühl hast.

Solltest du in die direkte Kritik geraten, hast du zwei Möglichkeiten. Entweder nimmst du deinen ganzen Mut zusammen und formulierst sachlich deinen Standpunkt, oder du nickst nett und gehst und lässt die Miesmacher einfach Miesmacher sein. Ich rate dir davon ab, dich auf lange Diskussionen oder andere Spielchen einzulassen. Meine Erfahrung hat gezeigt, dass es reine Zeitverschwendung ist, diesen Minusmenschen entgegenzutreten oder sie bekehren zu wollen. Sie sind augenscheinlich mit sich selbst so unzufrieden, dass sie sich darüber aufwerten müssen, anderen Müttern das Leben zu erschweren. Solchen Menschen musst und solltest du nicht gefallen wollen. Umgib dich mit Menschen, die dir wirklich guttun, deinen Kindern zum Beispiel oder deiner besten Freundin. Umgib dich mit Personen, die konstruktive Kritik üben und dir helfen, dich zu reflektieren.

DU BIST DRAN!

Mit welchen Menschen verbringst du gerne Zeit und warum sind sie dir so wichtig? Mach dir Notizen! Was macht sie für dich zu besonderen Menschen? Gibt es vielleicht sogar bestimmte Charakterzüge, die du schätzt? Vielleicht bietet sich einmal die Möglichkeit, dein „Warum" deinen Liebsten mitzuteilen. Jeder Mensch hört gerne, warum man ihn besonders mag und dass man ihn gerne bei sich hat. Es wird ihn freuen und eure Bindung stärken.

Selbstfürsorge hat noch niemandem geschadet

Wenn ein Kind in die Familie kommt, werden die Karten neu gemischt. Paarzeit wird von einer Selbstverständlichkeit zum Highlight.

> *„Ach, wenn ich nur fünf Arme hätte!"*
>
> *„Seitdem die Kinder da sind, dreht sich alles um sie. Am Morgen wache ich mit ihren Füßen im Gesicht auf und liege umzingelt von Kuscheltieren. Es geht weiter mit dem Morgenprogramm. Die Kinder müssen in die Kita. Ich muss für uns einkaufen und anschließend hetze ich zur Arbeit. Dort gehe ich gedanklich durch, ob ich an alles gedacht habe. Vielleicht habe ich einen Termin vergessen? Ich ziehe von nun an durch, ohne Pause, sonst schaffe ich es nicht, rechtzeitig im Auto zu sitzen. Nach sechs Stunden Arbeit geht der Marathon los. Mir bleibt eine halbe Stunde, bis ich an der Kita sein muss, um die Kinder wieder abzuholen. Mein Chef knallt mir einen Stapel Papiere auf den Tisch mit dem Hinweis, dass dieser noch diese Woche abzuarbeiten sei. Ich sitze zwischen zwei Stühlen und hetze viel zu spät los. Zu Hause angekommen, schmeiße ich irgendwie den Haushalt, bespaße die Kleinen, bereite das Abendessen vor und organisiere alles für den nächsten Tag. Mein Mann wird stürmisch von den Kindern begrüßt und dann essen wir auch schon. Danach fühle ich mich oft ausgebrannt und bin hundemüde. Deshalb gehe ich oft mit den Kids direkt ins Bett. Paarzeit? Ein Fremdwort bei uns."*
>
> *Mutter von Zwillingen (3)*

Diese Schilderung ist nicht aus der Luft gegriffen. So oder so ähnlich spielt sich der Tagesablauf vieler Mütter ab. Der komplette Alltag ist durchgeplant bis ins letzte Detail und an den Kindern ausgerichtet. Viele Frauen neigen dazu, sich extrem viel aufzuhalsen. Sie sind Mutter. Sie sind Angestellte. Sie sind Animateurin. Sie sind Taxifahrerin. Sie sind Hausaufgabenbegleitung und Nachhilfe. Sie sind Versorgerin. Sie sind Terminkoordinatorin. Sie sind die Seelsorgerin. Manchmal überkommt einen das Gefühl, dass man in seiner Rolle als Mutter so gefangen ist, dass es für „nur einen selbst oder das Frausein" gar keine Zeit gibt.

So geht es mir auch hin und wieder. An solchen Tagen finde ich mich abends im Bett und denke darüber nach, ob es in den letzten 18 Stunden überhaupt einmal fünf Minuten Verschnaufpause gegeben hat und ob ich die Möglichkeit hatte, mit meinem Mann drei ganze Sätze zu wechseln. Vielleicht nickst du nun zustimmend und kennst die Situation. Dann klopfe ich dir symbolisch auf die Schulter, sehe dir in deine Augen und muss dir leider sagen: Wir sind selbst schuld.

Den Alltag entschlacken – der Familie zuliebe

Die Wahrheit ist, dass wir Frauen dazu neigen, uns unheimlich viel aufzuladen. Oft fällt uns das „Nein" einfach schwer und obendrauf kommen die bereits schon erwähnten Vorstellungen davon, was die Gesellschaft angeblich von uns erwartet. In der Tat ist es so, dass Frauen unter sich ungern darüber reden, was sie alles nicht können oder schaffen. Wir lenken den Fokus darauf, wie toll wir sind, was wir mit links leisten und wie gut organisiert wir sind. Die Wahrheit liegt wohl dazwischen. Ja, wir können extrem viel stemmen und wir sind häufig wahre Organisationstalente, aber wir sind mindestens genauso oft auch geschafft vom straffen Tagesprogramm. Wir fühlen uns schlapp, weil der Akku leer zu sein scheint und würden manchmal einfach alles stehen und liegen lassen, wenn da die Kinder und der Haushalt nicht wären.

Leider lädt sich diese Überforderung, Erschöpfung und negative Stimmung oft ohne bösen Willen beim Partner oder den Kindern ab. Wir antworten gereizt, wir werden schneller laut und wir weisen das Gegenüber schneller zurück. Wir schimpfen. All das ist im Einzelfall okay – es passiert einfach, ist aber in der Masse Gift für eine solide Beziehung und enge Bindung in der Familie.

Glücklicherweise ist die Lösung recht einfach: Wir müssen unseren Alltag so entschlacken, dass wieder genug Luft zum Atmen bleibt. Sich selbst zufriedenzustellen, sollte deshalb deutlich mehr Priorität haben, als die Organisationsheldin in 20 Akten zu spielen.

Im Prinzip kannst du ganz einfach herausfinden, welche Bereiche deines Lebens den Akku leersaugen. Gehe gedanklich deinen Alltag durch und konzentriere dich auf die Momente, die dich stressen, dich aus dem Konzept bringen oder dich unheimlich müde machen. Ich habe für mich zum Beispiel herausgefunden, dass ich einkaufen abgrundtief verabscheue und es für mich nichts Schlimmeres gibt, als mit Kindern und einem Einkaufswagen am späten Nachmittag durch diese von Reizen überfüllten Gänge zu laufen. Aus diesem Grund nutzen wir inzwischen regelmäßig den Abholservice des Discounters. Durch diese kleine feine Änderung im Leben habe ich einen deutlichen Stressfaktor faktisch eliminiert und ganz nebenbei wertvolle Lebenszeit mit meiner Familie gewonnen.

In erster Linie kannst du die Änderungen nur anstupsen, wenn du ehrlich zu dir selbst bist und die Bereitschaft besitzt umzulenken. Dank Internet und fortschreitender Technik stehen uns in Hinblick auf den Haushalt mittlerweile viele Alternativen zur Verfügung. Im zwischenmenschlichen Bereich können wir diese weniger nutzen. Dort gilt es, keine Scheu zu haben und zu seinen Gedanken und Gefühlen zu stehen. Hier ein paar Beispiele aus dem Alltag:

- Du hasst es, Kleidung im Laden anzuprobieren? Dann bestelle sie dir nach Hause!
- Du willst nicht zum Mädelsabend deiner Freundin, weil du viel lieber mit Mann und Kids einen TV-Abend verbringen möchtest? Dann geh nicht hin!
- Du kannst den Staubsauger nicht mehr sehen? Vielleicht ist es gar nicht so schlimm, den Staub einmal zu ignorieren und dafür einen Kaffee zu trinken.

DU BIST DRAN!

Überlege dir, was dich im Alltag unzufrieden stimmt, stresst oder unnötig aufregt und denke darüber nach, wie man diese Punkte beheben könnte. Rede gegebenenfalls mit deiner Familie oder nahestehenden Personen darüber. Oftmals finden sich auf diese Weise ganz neue Lösungsansätze.

Ist die Luft schon raus? Findet euch wieder!

Zugegeben ist es mit Kindern gar nicht so einfach, sich als Paar aktive Zeit zu gönnen. Das Baby ist auf der Welt, und plötzlich dreht sich das komplette Leben um diesen süßen, kleinen Menschen. Wo vorher lange, schöne gemeinsame Abende waren, ist nun ein Knirps, der alle drei Stunden aufwacht und nach Nähe schreit. Wo vorher viel Zeit war, um etwas gemeinsam zu unternehmen, wird plötzlich alles um das Kind herum geplant. Kinobesuche? Unmöglich mit Kind. Gemeinsam essen gehen? Ist nicht machbar abends.

Da passiert es schnell und man verliert sich aus den Augen, lebt aneinander vorbei und findet sich kaum wieder. Die oben geschilderte Situation beschreibt ganz gut, wie sich die Paarzeit durch Kinder und Beruf auf ein Minimum verringert, und doch ist aus meiner Sicht eine solide Beziehung zum Partner der Grundstein für eine zufriedene Elternschaft. Und jetzt mal ehrlich: Wäre es nicht schade, wenn man aus Liebe ein Kind bekommt und diese Vertrautheit und Anziehung nach und nach verschwindet, weil man es schlicht vergessen hat, diesem Part Beachtung zu schenken?

Viele Mütter schrieben mir in persönlichen Nachrichten zu diesem Thema immer wieder ähnliche Gedanken: „Aber wenn die Kinder größer sind, wird es wieder besser." Ja, vielleicht hat man dann wieder mehr Freiheiten und kann flexibler Zeit zusammen verbringen, aber es ist auch ein wenig Augenwischerei. Wenn die Kinder größer sind, sind einige Jahre vergangen. Womöglich hat man sich bis dahin weiter voneinander entfernt oder gar entfremdet. Das Bedürfnis nach mehr Zeit zu zweit ist jetzt vorhanden und wird, wenn man es missachtet, immer lauter werden. Beziehung funktioniert ohne die Wahrnehmung von Bedürfnissen nicht. Wie sagt Oma so schön? Man muss Beziehung gießen, wie ein Pflänzchen.

Es bedeutet nicht nur Zeit, sondern auch Arbeit. Eine solide Basis mag auch einige Monate Durststrecke verkraften, aber die Hoffnung auf ein Zusammenkommen in ein paar Jahren zu setzen, ist ein ziemlich großes Wagnis mit ungewissem Ausgang. Auch das Argument, dass vonseiten des Partners kein Funken kommt, lasse ich hier nicht gelten. Es gehören zwei dazu, und es liegt an jedem selbst, den ersten Schritt zu tun und somit seine Bedürfnisse zu erfüllen. Es ist schade, dass viele Ehen in die Brüche gehen. Vor allem dann, wenn Kinder im Spiel sind, gibt es meistens einen großen Verlierer und das sind unsere Kinder selbst.

DU BIST DRAN!

Warum hast du dich mit deinem Partner für die Gründung einer Familie entschieden? Vielleicht malst du eine Mindmap.

- Was macht ihn für dich besonders?
- Warum hast du dich damals für ihn entschieden?
- Warum liebst du ihn?
- Was sind seine guten Eigenschaften?

Fällt dir nichts ein oder stellst du die komplette Beziehung grundsätzlich infrage, ist es an der Zeit, offen darüber zu reden.

Zeit zu zweit, allein

Merkwürdigerweise haben wir Mütter häufig ein schlechtes Gewissen dem Kind gegenüber, wenn wir mit dem Partner allein etwas unternehmen oder einen Ausflug nur mit dem Liebsten planen. Unser Gehirn sagt uns fast automatisch, dass wir an einem schönen Erlebnis jemanden nicht teilhaben lassen, der uns so unheimlich wichtig ist. Mir fiel es vor einiger Zeit sogar schwer zu entspannen, wenn ich nur mit meinem Mann unterwegs war. Meine Gedanken kreisten, und ich erwischte mich immer wieder bei den Kindern. Was sie wohl gerade machen? Ob sie uns vermissen? Sind sie traurig? Ob alles gut ist? Irgendwann legte sich dieses Gefühl, als ich merkte, wie gut uns Exklusivzeit tat.

MEIN TIPP: DIE POSITIVEN ASPEKTE SEHEN

- Die positiven Aspekte sogenannter Pärchenzeit liegen auf der Hand. Mach dir das bewusst.
- Man kommt sich wieder näher.
- Man tankt frische Energie.
- Man findet die Gelegenheit, endlich einmal wieder tief greifende Gespräche zu führen.
- Man findet Themen außerhalb von Kinderorganisation und Alltagstrubel.

Durch Unternehmungen oder gemeinsame Erlebnisse erhält diese gemeinsame Zeit einen unschätzbaren Wert für die ganze Familie. Es entwickelt sich aus diesen Paarmomenten eine magische kleine Säule im Leben, auf die man bauen kann und die für ein wenig Abwechslung sorgt. Bevor du nun denkst, dass du keinen Babysitter in greifbarer Nähe hast, dein Kind noch viel zu klein ist oder andere Gründe dagegensprechen, kann ich dir verraten: Wo ein Wille ist, ist auch ein Weg.

Glücklicherweise kannst du gemeinsam mit deinem Partner ganz individuell bestimmen, wie eure Premiumzeit aussehen könnte. Man muss dazu nicht einmal das Haus verlassen. Nur ein einziger Fakt spielt eine Rolle: Nimm dir diese Zeit regelmäßig ohne Kinder. Du machst dich glücklich, pflegst deine Beziehung und nicht zuletzt hilfst du damit der ganzen Familie. Noch mehr Gründe für mehr Zeit zu zweit braucht es nicht, oder?

DU BIST DRAN!

Überlege dir, wie ein idealer Paarabend für dich aussehen könnte und notiere mehrere Ideen. Schreibe dir mögliche Termine auf. Halte nach Babysittern, Oma und Co. Ausschau, die an einem Abend auf deine Kinder aufpassen könnten. Es ist Zeit, etwas für dich und euch als Paar zu tun.

Das eigene Ich und die Bedürfnisse dahinter

Bei all den Bedürfnissen und Wünschen Dritter stellt sich nun die Frage:

- Wie sieht es bei dir aus?
- Bist du zufrieden?
- Hast du genug Zeit für dich selbst?
- Liebst du dich selbst?

Die Fragen mögen banal klingen, aber ich möchte dir verraten, dass Zufriedenheit bei dir anfängt. Unsere Grundgemütseinstellung und Befindlichkeiten schwingen förmlich um uns und senden stumme Signale an unsere Mitmenschen. Es geht nicht darum, jeden Tag der ausgeglichenste Mensch auf Erden zu sein. Du sollst auch nicht in eine Rolle schlüpfen und dein Idealleben spielen. Du sollst du sein (dürfen) und dich dafür lieben. Das schreibt sich so einfach daher und dabei ist es das gar nicht. Wir Frauen finden verdammt viele Gründe, warum wir uns nicht so annehmen können, wie wir sind. Hinzu kommen die eigene Erziehung und Kindheit. Ich bin überzeugt davon, dass unsere eigene Prägung in uns steckt, ob wir wollen oder nicht. So werden uns auch Verhaltensweisen praktisch in die Wiege gelegt, die eher nachteilig sind. Gute Beispiele sind eine niedrige Frustrationstoleranz oder Unsicherheit in Bezug auf unser Handeln. Die Folge ist, dass uns bestimmte Situationen gefühlsmäßig aus der Bahn werfen, ohne dass wir genau sagen können, wieso.

MEINE TIPPS FÜR MEHR SELBSTWERTGEFÜHL

Manchmal fällt es uns richtig schwer, uns so anzunehmen, wie wir sind, und im Vergleich dazu ist es sehr einfach, sich selbst herabzusetzen. Ich möchte dir ein paar Tipps verraten, die dein Selbstwertgefühl steigern.

Sich selbst nicht schlechtreden

Im Kopf spielen sich tagsüber viele, viele Gedanken ab. Mir passiert es, dass ich mich innerlich manchmal selbst herabstufe. Es fängt an mit einem „Ich Dussel" und geht über „Ich bin so blöd und mache mal wieder alles falsch" bis hin zu „Das kann ich doch eh nicht". Versuche dir bei solchen Gedanken zukünftig eine rote Ampel vorzustellen und sie zu reduzieren.

Positiv sein

Du kennst sicher die Sache mit dem halb vollen und dem halb leeren Glas. Wir können Situationen immer von zwei Seiten betrachten. Leider konzentrieren wir uns viel zu sehr auf das Negative. Dabei könnte beispielsweise der Satz „Schon wieder bin ich laut geworden. Ich habe als Mutter total versagt" umgewandelt werden in: „Ich habe erkannt, dass ich heute zu schnell laut geworden bin. Mit diesem Wissen werde ich den nächsten Konflikt deeskalieren, bevor es so weit kommt."

Sich selbst als beste Freundin sehen

Interessant wird es, wenn wir uns einen Tag lang einmal selbst verwöhnen. Stell dir vor, du bist deine beste Freundin und bei dir zu Besuch. Behandle dich so, wie du sie behandeln würdest. Mach dir innerlich Komplimente, respektiere dich und verschwende keine Zeit mit negativen Gedanken über dich.

Des Glückes Schmied sein

Ich möchte dir etwas offenbaren, etwas, das eigentlich selbstver-ständlich ist und doch so elementar wichtig: Wir sind für unser Wohlbefinden selbst verantwortlich. Wir wünschen uns immer, dass unser Partner oder andere Mitmenschen uns an der Nasenspitze ablesen können, welche Gefühle sich gerade in uns regen und wie es uns gerade geht. Auch von unseren Kindern erwarten wir, dass sie uns ansehen können, wann wir den Kanal sprichwörtlich voll haben. Sie sollen im besten Falle unsere Wünsche erahnen und direkt erfüllen, aber so ist das Leben nun mal nicht. Wir streben danach, gesehen zu werden, und wir möchten gehört werden. Es ist unser Bedürfnis und wir haben es in der Hand, dieses zu stillen.

Dafür müssen wir aber etwas tun. Wir können in der Ecke sitzen und darauf hoffen, dass uns jemand wahrnimmt und dass jemand sieht, welche Wünsche und Bedürfnisse wir gerade hegen. Die Wahr-scheinlichkeit, dass diese erfüllt werden, ist aber wesentlich höher, wenn wir selbst aktiv werden und reden. Wir sind für uns selbst ver-antwortlich und wir kennen uns am besten. Warum packen wir es dann nicht einfach an? Warum machen wir Frauen unser Glück von anderen abhängig? Warum kümmern wir uns nicht auch einmal nur um uns? Warum machen wir so oft das Gegenteil von dem, was wir eigentlich gerne tun würden?

Die Antworten lauten Rücksichtnahme, Angst und Unsicherheit. Ich will dir nun auf keinen Fall hier raten, die Kinder hintanzustellen und deinen Job zu kündigen. Ich möchte dir vielmehr einen Impuls geben: Glückliche Kinder haben entspannte Mütter. Das geht nur, wenn du ab und an auch an dich denkst und zu deiner Selbstver-wirklichung beiträgst.

Natürlich sollte man Rücksicht nehmen und Risiken dabei abwägen, aber es gibt so viele Möglichkeiten, eigene Bedürfnisse zu stillen und diese mit dem Familienleben zu vereinen. Ich selbst finde meine Verwirklichung darin, meinem Hobby nachzugehen, kreativ zu sein und zu schreiben. Dafür lasse ich gerne einmal den Haushalt liegen und freue mich darüber, wenn die Kinder einen schönen Ausflug mit ihren Großeltern machen. Ich möchte weder, dass meine Kinder aus ihrer Kindheit mitnehmen, dass Mütter keine Hobbys haben dürfen, noch will ich, dass sie selbst einmal ihre eigenen Wünsche und Bedürfnisse abschreiben. Ich tanke Kraft aus meinen kleinen Glücksoasen und sie stimmen mich zufrieden. Gleichzeitig bin ich gelassener, habe eine höhere Reizschwelle und bin wesentlich besser gelaunt. Für alle ist es eine unglaubliche Win-win-Situation, außer manchmal für den Haushalt, aber da stehe ich drüber – er hat keine Gefühle.

Wie du dir eigene kleine Glücksoasen schaffen kannst

- Triff dich mit Freunden.
- Sorge für Partnerzeit, wie oben erwähnt.
- Gehe einem Hobby nach.
- Bilde dich weiter.
- Verwirkliche Pläne, die bisher auf Eis lagen.
- Tu deinem Körper und deiner Seele etwas Gutes.
- Erfülle dir einen materiellen Wunsch.
- Schaffe dir einen eigenen Rückzugsort.

Meine aufgeführten Beispiele zeigen eine grobe Sammlung von Möglichkeiten und Ideen. Sie könnten auch ganz anders aussehen. Was ich dir damit aber verdeutlichen möchte: Es ist gar nicht so schwer, wie du denkst. Im weiteren Verlauf werde ich noch darauf eingehen, wie du im Alltag deutlich Zeit sparen kannst. Vielleicht wäre das der perfekte Moment, diese neu gewonnenen Lücken für deine Selbstverwirklichung zu nutzen?

DU BIST DRAN!

Warte nicht darauf, dass dich jemand zufrieden stimmt, stimme dich selbst zufrieden. Versuche dich selbst neu kennenzulernen. Finde deine persönlichen Glücksoasen und versuche, diesen einen festen Platz in deinem Alltag zu geben. Mach dir Notizen oder zeichne dir deine nächste Glücksoase.

Dein entspannter Familien-Verhaltenskodex

Bevor du die kommenden Seiten liest, möchte ich dich in eine Situation mitnehmen. Wenn ich davon erzähle, wie ich früher mit meinen Kindern zusammengelebt habe, dann fällt mir immer wieder ein prägnanter Begriff ein: „Die Machtkampfspirale". Ich war ein Schreihals und fand es auch noch okay.

Es verging kaum ein Tag ohne Wenn-dann-sonst-Drohungen und einen wörtlichen Schlagabtausch zwischen mir und den Kindern. Ich manipulierte, erpresste und drohte, nur um Konflikten ein schnelles Ende zu setzen.

Heute frage ich mich, warum ich damals das Bedürfnis hatte, immer als „Gewinnerin aus dem Ring zu steigen". War es das Gefühl, meinem Erziehungsauftrag nur so nachkommen zu können, oder wusste ich mir bei Konflikten wirklich keinen anderen Rat? Vielleicht keimte in mir auch der Gedanke, dass man sie auf diese schonungslose Welt da draußen vorbereiten müsse. Aber sollte meine Erziehung eine Art „Abhärtung" sein? Wollte ich wirklich, dass sie bei mir – ihrer eigenen Mutter, die sie beschützen sollte – die Härte des Lebens erfahren oder wollte ich viel lieber ein sicherer Hafen sein? Ich zweifelte oft an mir, und je mehr ich mich fragte, was ich denken sollte und was nun der richtige Weg war, desto unsicherer reagierte ich auf die Kinder.

Die Situationen waren verschieden, und doch hatten sie immer ein gleiches Muster: Die Kinder benahmen sich in meinen Augen schlecht. Ich sah meine Verantwortung darin, dieses „schlecht" beim Namen zu nennen und das Kind zu einem für mich angebrachteren Verhalten zu erziehen. Blöderweise fiel mir damals nichts anderes ein, als unlogische Sätze zu sagen, wie „Wenn du jetzt nicht dein Zimmer aufräumst, dann komme ich mit dem Müllsack" oder auch „Wenn du jetzt nicht mitmachst, dann bringe ich dich mit dem Schlafanzug in den Kindergarten". Ich weiß, dass diese Methoden zunächst funktionieren, aber genauso gut weiß ich auch, dass immer wieder neue Steigerungen aufgefahren werden müssen.

Und so passiert etwas, das wir eigentlich vermeiden wollen. Das mühevoll geknüpfte Band, welches wir in den ersten Monaten zu unseren Kindern aufgebaut haben, fängt an, sich zu lockern. Wir entfernen uns. Ich hatte den einen großen Wunsch, respektvoll mit meinen Kindern zusammenleben zu können und legte zeitgleich respektloses Verhalten an den Tag. Ich bewirkte genau das Gegenteil.

Es war Zeit, umzudenken. Je mehr ich mich damit auseinandersetzte, warum viele Situationen kippten und unser Alltag unter Spannungen litt, desto mehr erkannte ich, dass die eigene Verantwortung eine große Rolle spielt. Noch heute frage ich mich in vielen Situationen, wo meine Verantwortung liegt und gleichzeitig die meines Kindes.

Rückblickend erkannte ich, dass ich in vielen Situationen zu spät deeskalierend wirkte. Ich wusste, dass die Kinder abends müde und geschafft waren, und doch rutschten wir Tag für Tag in einen Zwist, wenn es ums Zähneputzen ging. Es wäre meine Verantwortung gewesen, den Rahmen zu ändern und Alternativen oder Kompromisse zu schaffen. Die Kinder waren müde und dementsprechend oft überdreht, und statt mich zusammenzureißen und für meine Anspannung andere Kanäle zu suchen (auch das liegt in unserer Verantwortung), ließ ich es nach gewisser Zeit an den Kindern aus, indem ich unfair wurde und meckerte.

Ich erwartete von den Kindern, dass sie vernünftiger und angepasster reagierten als ich zu dieser Zeit. Ich empfand ihre Launen als Angriff gegen mich. Mit keiner Silbe dachte ich daran, dass sie aber nur auf die Umstände und meine Ungerechtigkeit antworteten.

Und weißt du, was das Verrückte ist? Ich habe mich ihnen gegenüber so oft ungerecht verhalten, und trotzdem stellten sie mich niemals infrage. Ich hingegen tat das schon: Ich wollte sie verändern. Es ist auch einfacher, die Kinder zu formen, als an sich selbst zu arbeiten. Dabei ist das „An-sich-selbst-Arbeiten" der entscheidende Punkt.

MEIN TIPP: BEDINGUNGSLOS LIEBEN

Hand aufs Herz: Wie oft bist du ungerecht, strafst, schimpfst oder bist genervt? Ich kann dir eines versprechen. Ein harmonisches Zusammenleben ist nicht unmöglich. Hör auf damit, die Kinder zu irgendetwas machen zu wollen. Liebe sie, so wie sie sind. Warum? Sie lieben dich bedingungslos. Sie wollen dich nicht verändern, egal wie groß die Arschkarte ist, die du ihnen zusteckst. Sie werden dich nicht infrage stellen, solange sie Kinder sind.

Was tun, wenn man von der eigenen Erziehung genervt ist?

Egal ob einkaufen, Kinderzimmer aufräumen, Badezimmermomente oder das Essen. Es gab so viele Momente, die die Stimmung kippten. Sie waren von Anspannung gekennzeichnet, häufig gab es Tränen, Wut, Angst und Enttäuschung. Wie auch immer sie aussahen: Sie leerten meinen Akku spürbar. Es musste sich etwas ändern, und wenn ich ein wenig vorgreifen darf: Die Änderung fing bei mir selbst an. Ich wollte nicht mehr diese Mutter sein, die permanent wie eine Furie austickt und beim kleinsten Anlass die Nerven verliert. Ich wollte gelassener sein und vor allem nicht mehr ständig darüber nachdenken, was ich mir als Nächstes wohl einfallen lasse, wenn die Kinder wieder einmal nicht hören. Das war zu meinem Entsetzen wirklich oft der Fall. Ich spulte Situationen im Kopf ab und legte mir „Erziehungsstrategien" vorab zurecht.

Ich selbst wurde als Kind nicht bestraft und wuchs mit wenig Regeln auf. Gerade deshalb hätte ich es doch besser wissen müssen, und trotzdem bemerkte ich, wie ich in diese Wenn-dann-sonst-Strafen ab und an mit Anlauf reintapste. Das sollte ein Ende haben.

MEIN TIPP: NOBODY IS PERFECT, SELBSTKRITISCHE BETRACHTUNG SCHADET ABER AUCH NICHT

Ich möchte an dieser Stelle nochmals betonen: Keiner ist perfekt. Wir alle machen Fehler, und das ist gut und richtig so. Dennoch bin ich mir sicher, dass ein Blick hinter die Fassade niemals schadet und eine entspannte Beziehung zum Kind einer der Grundsteine für ein zufriedenes Zusammenleben ist.

Säule 1: Wir sind Vorbild und wir haben die Verantwortung

Ein Satz, den ich mir heute immer wieder in den schlimmsten Situationen vorbete, ist: Wir sind das Vorbild unserer Kinder, und nicht das Kind, sondern wir Eltern tragen die Verantwortung. Es ist mein Mantra, und ich bringe mich mit diesem einen Satz relativ schnell wieder in die komfortable Lage, dass ich Stressmomente mit einem klaren Kopf überblicken kann und dementsprechend angepasst reagiere.

Wir denken so sehr darüber nach, wie wir unsere Sprösslinge am besten erziehen und wie sie die besten Chancen bekommen, aber vergessen dabei oftmals, dass wir es eigentlich nur vorleben müssten. Kinder kommen gut zur Welt. Ich gehe von diesem Standpunkt aus, weil es keinerlei Gegenbeweise gibt und der entgegengesetzte Gedanke schlicht absurd wäre. Sie sind gut. Auch wenn sie in unseren Augen gerade die schlimmste Trotzphase aller Zeiten durchleben, sind sie gute Menschen. Sie möchten uns niemals Böses, und sie wünschen sich einfach nur, dass wir sie so lieben, wie sie sind. Kein Kind der Welt heckt aus purer Lust und Laune Intrigen gegen seine Eltern aus.

Sie schauen vom ersten Tag an zu uns auf, ob wir es möchten oder nicht, und sehen in uns ihr Vorbild. Vielleicht erinnerst du dich selbst daran, als du ein Kind warst? Ich habe damals Erwachsene geradezu heldenhaft eingestuft. Ich dachte, sie könnten alles, wenn sie nur wollen, und wären zu allem fähig. Wenn du dich einmal darauf konzentrierst, wie deine Kinder sich verhalten und auch in Konfliktmomenten agieren, dann wird dir auffallen, wie viele Verhaltensmuster sich unsere Kinder bei uns abschauen. Wir haben die Verantwortung.

Ich habe für mich den Schluss daraus gezogen, dass es mit dem Mysterium Erziehung getreu nach dem Motto läuft: „Wie es in den Wald hineinruft, so schallt es auch heraus". Ich lege den Blick inzwischen wesentlich mehr auf die Lebensart von uns Erwachsenen als Eltern als darauf, wie sich unsere Kinder gerade benehmen und ob sie meine Erwartungen just in einem Moment erfüllen. Diese Erkenntnis ist bei mir über Monate hinweg Stück für Stück gewachsen, und auch heute befinde ich mich in einem stetigen Entwicklungsprozess. Ich bin weit davon entfernt, eine perfekte Mutter zu sein. Ich habe nicht einmal den Anspruch, diese zu sein.

Ich will als fehlbarer Mensch wahrgenommen werden. Genauso wie ich mir Fehler erlaube, so erlaube ich sie im Umkehrschluss meinen Kindern. Ich will sein und nicht 24/7 funktionieren. Trotzdem ist es mir wichtig, meine Impulse, Gedanken und Reaktionen immer wieder zu hinterfragen und mich daran gemessen weiterzuentwickeln. So banal es auch klingen mag: Ich bin der Ansicht, dass wir vor diese ganzen Erziehungsmaßnahmen, Benimmregeln und wie sie alle heißen vor allem unser eigenes Verhalten stellen sollten.

Säule 2: Raus aus der Machtkampfspirale

Wenn wir uns in Konflikten befinden, fangen wir meist an, mit unseren Kindern zu kämpfen. Wir als ältere, klügere und erfahrenere Erwachsene (so sah ich mich früher sehr häufig) positionieren uns dabei meist eindrucksvoll mit Drohungen, Erpressungen oder anderen Schikanen. Unsere Sätze sind gebrandmarkt mit „Du bist ..." oder „Du sollst ...". In vielen Situationen folgt ein filmreifer Schlagabtausch mit Bewertungen des Gegenübers. Ich habe mich früher nicht davor gescheut, die Macht der Worte zu benutzen und mein Kind sozusagen verbal zu ohrfeigen. Ich nutzte sogenannte Bannbotschaften, wie: „Du bist garstig" oder „Mit dir will keiner spielen, wenn du so bist", um meinen Willen durchzusetzen.

Soll ich dir verraten, wer in diesem Moment das garstige Kind war? Ich selbst. Ich habe meine eigenen Emotionen und Gedanken einfach ungefiltert herausblubbern lassen und dachte nicht eine Sekunde daran, wie solche Sätze ankommen. Stell dir vor, du sitzt mit deinem Kind am Tisch und es fängt an, dir zu drohen: „Wenn du jetzt nicht das machst, was ich möchte, dann gehst du direkt auf dein Zimmer." Du würdest ungläubig schauen, oder? Die Steigerung wäre, wenn dein Kind dir sagt: „Du bist eine schlechte Mutter. Du bist ein garstiger Mensch." Wie fühlt sich das an? Es würde dich treffen, habe ich recht? Warum zur Hölle knallen wir dann unseren Kindern solche unüberlegten Sätze an den Kopf?

Ich kenne meine Antwort darauf. In unseren Köpfen hat sich festgesetzt, dass wir als Gewinner „aus dem Ring steigen müssen", um unser Ziel zu erreichen. So passiert es schnell, dass wir unsere Verantwortung auf das Kind übertragen. Man könnte es sich so vorstellen: „Auch wenn ich weiß, dass es einen Grund hat, dass du nicht gehorchst, ist mir das egal. Ich mach das jetzt zu deinem Problem, damit ich mich damit nicht mehr beschäftigen muss. Geh auf dein Zimmer." Klingt absurd? Genau das tun wir jedoch in der Realität als Eltern sehr oft.

Wir gehen schon gar nicht mehr davon aus, dass unsere Kinder unseren Bitten oder Aufforderungen ohne verbalen Schlagabtausch nachkommen, und so nimmt die Konfliktsituation ihren Lauf. Zudem sehen wir uns als überlegen an und wiegen uns in der Sicherheit, dass wir die Macht haben. Unsere Kinder haben jedoch auch Bedürfnisse und möchten ihren Standpunkt aufzeigen. Mitunter möchten sie sogar das „Gesehenwerden" durch Protest erzwingen.

So was endet fast immer gleich in einer Machtkampfspirale. Die Lage spitzt sich weiter und weiter zu, bis schlussendlich beide Seiten verloren haben.

Viel zu oft spielen wir unsere elterliche Macht leichtfertig aus und vergessen dabei, dass

- Machtspiele uns vom Kind entfernen.
- Machtspiele Misstrauen schaffen.
- Machtspiele dich müde machen.
- Machtspiele deine Energie erfordern, und zwar in einem wesentlich höherem Maß als Kompromisse.
- Machtspiele keine positiven Eigenschaften haben.
- Machtspiele keinen Gewinner hervorbringen, sondern zwei Verlierer.
- Machtspiele verletzen.
- Machtspiele zu einem Verbindungsabbruch führen.

Säule 3: Konflikte familiengerecht lösen

Mir hat es irgendwann gereicht, als ich merkte, wie unglücklich solche Momente mich und meine Kinder stimmten. Natürlich kann man Auseinandersetzungen nicht gänzlich verhindern und wir sind alle Menschen, aber es ist durchaus möglich, sie unterschiedlich zu handhaben. Solltest du dich das nächste Mal in einer Situation wiederfinden, in der du am liebsten direkt losschimpfen würdest und dir Worte wie: „DU, wenn, sonst" in den Sinn kommen, dann habe ich einen perfekten Tipp: Hole Luft. Damit verhinderst du ein impulsives Handeln. Überlege dir, bevor du losprichst, was du möchtest. Ich stelle mir gerne folgende Fragen:

- Was ist mein Ziel? Was möchte ich gerade wirklich?
- Was soll oder muss mein Kind dafür tun?

- Warum ist es mir so wichtig? Oder ist es vielleicht doch nicht so wichtig?
- Welches Ziel verfolgt mein Kind? Was ist ihm gerade wichtig?
- Gibt es einen Treffpunkt unserer Interessen? Wäre ein Kompromiss denkbar, sodass wir beide glücklich sind?
- Warum wirft mich die Situation überhaupt so aus der Bahn?
- Würde ich genauso auch bei meinem Partner agieren?

Ich gehe davon aus, dass du vermitteln möchtest, dass deine Kinder nicht weniger oder mehr wert sind als du selbst. Keiner ist besser, keiner ist schlechter, keiner ist der Verlierer und keiner der Gewinner. Im besten Falle seid ihr also ein Team, bei dem du liebevoll die Führung übernimmst.

Ich habe die Erfahrung gemacht, dass mich heutzutage viele Situationen aus der Bahn bringen, die ich als Kind erlebt habe. Meine Mutter hat nicht mit Strafen agiert, aber sie war zum Beispiel schnell gestresst und ich habe es wahrgenommen. Diese Eigenschaft hat sich auf mich übertragen. Ich kann Stress überhaupt nicht leiden und bin in solchen Momenten wenig belastbar. Das ist allerdings kein Grund, meinen Kindern meine eigene Baustelle und somit die Verantwortung für meine Probleme zu übertragen.

4 Schritte, um gelassener in Konflikten zu reagieren
Schritt 1 ist, seine eigenen Schwachpunkte oder negativen Charakterzüge zu kennen. Allein diese Erkenntnis hilft mir, Konflikten in Stressmomenten besser zu begegnen. Ich weiß, dass ich genervt bin und mit mir gerade nicht gut Kirschen essen ist. Schritt 1 ist somit, sich seiner eigenen Schwächen bewusst zu werden.

Schritt 2 ist, Bedürfnisse zu sehen. Wie oben beschrieben, ist es wichtig, in sich hineinzuhören, was man will. Sich zu fragen, was wichtig ist, und genau das dann auch aussprechen zu dürfen. Doch auch die Bedürfnisse des Kindes spielen eine Rolle. Warum will es sich nicht anziehen? Will es vielleicht Nähe und wäre es eine Lösung, wenn ich das übernehme? Das Bedürfnis ist nicht die Sache, um die sich ein Konflikt bewegt, sondern das Gefühl, das dahintersteht. Wenn ein Kind zum Beispiel seine Zähne nicht allein putzen will, dann ist nicht das Bedürfnis „Unhygiene". Es gilt herauszufinden, warum es das gerade nicht machen möchte. Fühlt es sich vielleicht erschöpft oder möchte es gerne Nähe spüren?

Schritt 3 ist die Bereitschaft, Kompromisse zu finden. Ich verstehe bis heute nicht, was so schlimm daran sein soll, mit seinen Kindern Kompromisse einzugehen. Wovor haben Eltern Angst? Mir fällt wirklich kein einleuchtender Grund ein. Mit einem Kompromiss signalisiere ich meinem Kind, dass ich es sehe und sein Bedürfnis wahrnehme. Mein Kind nähert sich mir mit genau der gleichen Botschaft. „Ich sehe, was dir wichtig ist, und deshalb finden wir eine Lösung, die den Wünschen und Zielen von uns beiden gerecht wird." Sollte es sich um unverhandelbare Punkte handeln, dann signalisiere ein „Nein" und begründe es gerne auch, wenn erforderlich. Versuche aber, nicht wieder in die Machtkampfspirale hineinzurutschen. Oft höre ich hierauf das Argument, dass es sich doch dann ellenlang in die Länge zieht, wenn ich auf die Extrawünsche eingehe. Ich entgegne dann gerne, dass sich auch ein Machtkampf mit Schlagabtausch genauso in die Länge zieht.

Schritt 4 ist, sich immer klarzumachen, dass Kinder keine bösen Absichten haben. Sie nehmen sich nicht vor, uns morgen einmal „richtig fertigzumachen". Leider legen wir es oft so aus, als wäre dies der Fall. Diese Annahme ist purer Nonsens. Hier gilt es realistisch und sachlich zu bleiben.

DU BIST DRAN!

Was macht dein Kind so besonders? Schreibe tolle Eigenschaften deines Kindes/deiner Kinder auf und wirf an schlechten Tagen einen Blick darauf. Zeig deinem Kind auch in den schlimmsten Momenten, dass es deine Liebe nicht infrage stellen muss und du diese nicht an Bedingungen knüpfst.

Säule 4: Umgang mit Regeln, Grenzen, Konsequenzen und Strafen

Ich denke, wir sind uns einig, dass es in jeder Familie einen gewissen Rahmen braucht und jedes Mitglied ganz eigene Wünsche und Bedürfnisse mitbringt. Es ist wichtig, dass man sich gegenseitigen Freiraum gewährt und gleichzeitig die Grenzen des anderen nicht überschreitet. Ich bin deshalb zu der festen Ansicht gekommen, dass Regeln einzig und allein im Sinne aller aufgestellt werden sollten oder zum Schutze einzelner oder mehrerer Lebewesen. Ich schreibe hier bewusst Lebewesen, weil ich beispielsweise auch die Gewalt an Tieren nicht gutheiße. So wie wir Regeln im Großen für das Allgemeinwohl aufstellen (etwa im Straßenverkehr oder im Arbeitsleben), so sollten sie auch im Kleinen in einer Familie ihre Funktion haben und für Klein und Groß gleichermaßen gelten.

Ziel ist es, Bedürfnisse und Wünsche mehrerer Personen zu vereinen und das ausschließlich im positiven Sinne. Damit stellen Regeln einen verbindlichen Kompromiss dar, der das Zusammenleben zwischen Partnern und Kindern vereinfachen soll. Mir erscheint es logisch, dass ich den Kindern keine Regeln auferlege, die ich selbst unter keinen Umständen einhalten würde. Ich bin heute erstaunt darüber, welche Sachen ich früher einforderte, für die ich mir selbst postwendend den Freifahrtschein erteilte. Ich verbot den Kindern früher zum Beispiel den Nachtisch, wenn sie nicht aufgegessen hatten. Für mich selbst machte ich gerne Ausnahmen und naschte, nachdem die Kinder im Bett waren, hier und da ein wenig Schokolade. Natürlich hatte ich auch nicht aufgegessen, aber mich sah ja keiner dabei.

Die Tatsache, dass ich mich durch meine Heimlichtuerei ein wenig selbst belog und meine Regel unlogisch war, ignorierte ich gekonnt. Erst später erkannte ich, dass ich doch gar nicht wissen konnte, wann die Kinder wirklich satt sind. Zudem handelte ich genauso schlau wie sie und ließ Platz für den Nachtisch. Statt einfach keinen Nachtisch mehr zu kaufen oder eben diese Regel fallen zu lassen, weil sie ohnehin jeglicher Logik entbehrte, schimpfte ich viel lieber. Heute halten wir die Kinder dazu an, zuerst die gesünderen Sachen zu probieren. Es ist sozusagen eine Regel. Aufessen muss hier keiner, und es liegt in meiner Verantwortung, die Ernährung der Kinder durch mein Vorleben und gezieltes Einkaufen ausgewogen zu halten. Ich kann nicht von einem Vierjährigen erwarten, dass er den Schokoriegel links liegen lässt und sich lieber der Gurke widmet. Würde die Regel nun gebrochen, indem mein Kind direkt zum Nachtisch greift, sehe ich trotzdem keinerlei Legitimation für Methoden wie Strafen oder Wenn-dann-sonst-Drohungen. Ich habe jedoch die Möglichkeit, meinem Kind zu sagen, warum ich etwas für wichtig halte und kann daraufhin Kompromisse eingehen. Genauso könnte ich durch meinen bewussten Einkauf direkt dafür sorgen, dass gesunde Produkte im Alltag überwiegen.

Regeln und Grenzen – kurz auf einen Blick
- Regeln sollten nicht an Strafen geknüpft werden. („Wenn du dich nicht an die Abmachung hältst, bekommst du TV-Verbot").
- Sie gelten für alle Familienmitglieder gleich.

- Es sollten nur wenige Regeln eingeführt werden, um nicht zu überfordern.
- Regeln spiegeln Bedürfnisse und Wünsche aller wider und werden zu einem Kompromiss zusammengefasst.
- Regeln sind verhandelbar.
- Regeln sind in jeder Familie individuell.
- Der Übergang von Regeln und Grenzen ist schwimmend.
- Du kannst nicht voraussetzen, dass dein Kind deine Werte automatisch übernimmt und gut findet. Deshalb ist es wichtig, dass du dem Kind vermittelst, warum dir etwas wichtig ist und ihr zusammen Regeln findet.
- Regeln sind meiner Meinung nach in vielen Fällen sogar überflüssig.
- Regeln und Grenzen sind zum Schutze des Kindes oder der Mitmenschen sinnvoll, jedoch nicht, um egoistische Interessen besser verwirklichen zu können.
- Persönliche Grenzen sollten von keinem Mitglied überschritten werden (zum Beispiel hauen oder spucken).
- Regeln sind nicht dafür da, Probleme zu lösen.

DU BIST DRAN!

Welche Regeln sind dir wichtig? Sammle sie in deinem Notizbuch. Worauf legst du Wert? Warum ist es dir so wichtig? Meinst du, deinen Kindern und deinem Partner ist es auch wichtig? Was passiert, wenn du deiner Familie mitteilst, warum es dir so wichtig ist? Findet ihr Kompromisse?

Braucht es Bestrafung oder negative Konsequenzen? Ich bin nur mit wenigen Regeln und weitestgehend ohne Bestrafung aufgewachsen. Trotzdem war ich in den ersten Jahren als Mutter der Meinung, das

Benehmen hinge von „der Härte" der Erziehung ab. Ich las damals viele Bücher, und immer wieder leuchtete mich das Wort Konsequenz an. Ich ging durch die Tage und Wochen mit dem Ziel, möglichst konsequent zu sein. Aus heutiger Sicht war ich zu dieser Zeit auf dem Holzpfad. Ich habe damals schlichtweg die negativen Gefühle meines Kindes kontrollieren wollen und nicht zugelassen.

MEIN TIPP: WENIGE, ABER DAFÜR WICHTIGE REGELN

Wo viele Regeln und Grenzen sind, muss man viele Bereiche schützen und mit Verboten versehen. Diese liegen wiederum ständig auf dem Verhandlungstisch und sind somit ein potenzieller Konflikt-Hotspot. Es ist leichter, sich um die Einhaltung ein paar weniger Lebensbereiche zu bemühen als um unzählige irrelevante Alltagssituationen.

Der Regelbruch wird in den allermeisten Familien mit Sanktionen bestraft. Das Problem dabei ist, dass man sich so automatisch ins oben beschriebene Machtspiel begibt und fortlaufend Steigerungen benötigt. Aus einer Drohung wird schnell eine Strafe und aus einer kleinen Strafe wird eine riesige überzogene Sanktion. Was wäre die Steigerung, wenn auch das nicht ankommt? Man müsste zu immer härteren Mitteln greifen. Nun erlebe ich es in meinem Alltag als Mutter und Bloggerin immer wieder, dass Strafen und Machtspiele durch das Wort Konsequenzen ersetzt werden. Es klingt dann vielleicht harmloser, aber ändert nichts an der Tatsache, dass es genau genommen unfaire Mittel bleiben. Ich kann für dich nicht urteilen, welche Methoden du einsetzt. Deshalb solltest du in dich gehen und ehrlich sein, ob deine Mittel der Wahl fair oder doch eher unfair sind. Ich habe für mich erkannt, dass in vielen Fällen allein schon das Wort „Methode" zeigt, dass es unfair eingesetzt wird oder werden könnte.

Ich möchte gerne noch etwas mehr herausstellen, was ich meine. Ich denke, du erkennst dann den Unterschied recht gut.

Brauchen wir logische Konsequenzen? Ich höre mich selbst noch sagen: „Ich bestrafe meine Kinder nicht. Ich arbeite mit logischen Konsequenzen." An einem kleinen Beispiel möchte ich euch meine Einstellung zur „logischen Konsequenz" verdeutlichen: Ein Kind bekommt von seiner Mutter TV-Verbot ausgesprochen, weil es sich nicht an die vereinbarten TV-Zeiten gehalten hat und somit die Abmachung gebrochen wurde. Die Folge ist nun eine Woche kein Zugang zum TV. Das Kind findet es blöd, fühlt sich ungerecht behandelt und bestraft. Es ist willkürlich. Es ist und bleibt eine Art der Bestrafung und eine Methode, um das Kind zu einem (für uns Eltern) besseren Verhalten zu lenken.

Ein anderes Beispiel: Das Kind wollte sich zum fünften Mal nicht anziehen, die Mutter ist am Ende und sagt genervt: „Wenn du dich jetzt nicht anziehst, bekommst du die ganze Woche TV-Verbot."

Wir sind nun ehrlich zu uns selbst und blicken auf beide Situationen: Beides ist eine Strafe vom Feinsten. Beides ist übertrieben und demütigt das Kind. Beides erzielt die gleiche Wirkung. Keine dieser Methoden ist positiv. Sie sagt dem Kind nur eines: Wir haben ein Problem und du bist schuld daran. Ich bin mir bewusst, dass wir solche Gedanken wirklich hegen. Ich selbst habe einst gedacht, dass meine Kinder doch selbst schuld seien, wenn sie nicht mitmachen. Dass ihr „schlechtes Verhalten" aber nur eine Antwort auf einen Mangel ist und sie mit ihrem Verhalten auf diesen Mangel aufmerksam machen wollen, das habe ich unterschlagen. Wenn ich darüber verärgert bin, dass mein Kind sich nicht an TV-Zeiten hält, dann ist es mein Problem und meine Verantwortung. Ich habe es in der Hand, die Situation zu ändern und damit meinen Beitrag zur Entspannung zu leisten. Hier wäre es denkbar, zum Beispiel mit einem Timer zu arbeiten oder gemeinsam mit dem Kind den Fernseher auszuschalten, statt abzuwarten, bis es in die Falle tappt. Noch viel wichtiger ist es, darüber zu reden und gegebenenfalls damit leben zu können, dass das Kind enttäuscht oder wütend ist.

Eine Situation friedlich aufzulösen, liegt so nahe, und doch ziehen wir das viel zu selten in Betracht. In unserem Kopf stecken diese Programmierfehler. Wir sind der Meinung, dass negative Gefühle nicht gezeigt werden dürfen. Wir können mit kindlicher Wut schlecht bis gar nicht umgehen. Ein Kind legt ein für uns negatives Verhalten an den Tag, und statt zu überlegen, warum es gerade so reagiert, fangen wir an zu drohen oder mit „logischen" (was sie in Wirklichkeit nicht sind) Konsequenzen à la TV-Verbot zu agieren.

Genauso verhält es sich in den Momenten, die keine Alternativen zulassen. Für mich ist es zum Beispiel eine feste Regel, dass nicht auf die Straße gerannt wird. Statt ein klares „Nein" zu signalisieren, das Kind an der Hand zu nehmen und so davon abzuhalten, auf die Straße zu rennen, arbeiten wir lieber mit Drohungen und bringen die Situation schon vorab zur Eskalation („Wenn du jetzt auf die Straße rennst, dann gehen wir sofort nach Hause"). Ist es das wirklich wert, ein Kind durch Sanktionen, Strafen und negative Konsequenzen zu einem gewünschten Verhalten zu bringen? Fühlt sich das gut an oder fühlt man sich sogar ganz schrecklich?

Die Frage ist also, was wir wollen. Wollen wir Kinder heranziehen, die aus jeder Konfliktsituation als Gewinner herausgehen möchten? Wollen wir Kinder, die sich daran messen, wie stark sie sind und wer die Fäuste besser ballen kann? Noch viel weitergedacht: Möchten wir überhaupt, dass Kinder nichts hinterfragen, sondern stur Gehorsam leisten, weil sie Angst vor Konsequenzen haben, die Erwachsene womöglich aussprechen? Sollen sie nicht das Recht haben, Gefühle zu zeigen, gerade weil es unserer Generation so schwerfällt diese auszuhalten?

Wie ich oben bereits erwähnte, bin ich der Auffassung, dass wir immer, zu jeder Zeit, Vorbilder sind. Arbeiten wir mit Erpressung und Drohungen, so werden unsere Kinder diese Erziehungsmaßnahmen als geeignete Mittel übernehmen und auch bald versuchen, diese gegen Dritte einzusetzen. Das können wir sein, das können Geschwister sein oder auch Freunde. Möchten wir das oder sollten wir versuchen, all das zu vermeiden, was wir mit uns selbst nicht machen lassen würden?

Noch mehr Gründe, warum man auf Strafen verzichten sollte

- Kinder haben laut BGB Paragraf 161 ein Recht auf gewaltfreie Erziehung. Dabei ist nicht nur von körperlichen Maßnahmen die Rede, sondern auch von allen anderen entwürdigenden Maßnahmen.
- Strafen wirken, jedoch nur kurzfristig. Es kann sogar passieren, dass sie ins Gegenteil umschlagen und das unerwünschte Verhalten verstärkt wird. Zudem steigt die Hemmschwelle, und wir finden uns bei meiner Befürchtung wieder: Es braucht eine Steigerung.
- Verschiedene Studien haben bereits gezeigt, dass sich negative Konsequenzen (Strafen) nachteilig im Vergleich zu positiver Verstärkung auswirken. Dies wurde am Beispiel des Lügens gezeigt. Kinder im Alter von vier bis acht Jahren haben in Studientests der McGill University in Montreal häufiger gelogen, wenn ihnen eine Strafe angedroht wurde.

- Strafen wirken sich nachteilig auf das Vertrauen und damit die Bindung zwischen Eltern und Kindern aus. Kinder wollen kooperieren und wir sollten ihnen die Möglichkeit dazu geben.
- Strafen geben dem Kind das Gefühl, falsch zu sein und mindern das Selbstwertgefühl. Wir übertragen die Verantwortung fälschlicherweise auf sie.

MEIN TIPP: BEZIEHUNG AUFBAUEN, STATT STRAFEN AUFZUERLEGEN

Strafen und negative Konsequenzen wirken sich nicht entspannend auf den Familienalltag aus. Je mehr Strafen wir einsetzen, desto mehr Steigerungen werden vonnöten sein. Mit zunehmendem Alter der Kinder werden auferlegte Konsequenzen umgangen und das Konfliktpotenzial erhöht sich. Die bessere Wahl ist es, eine Beziehung auf Augenhöhe aufzubauen.

Säule 5: Erziehen auf Augenhöhe fernab von Lob und Strafe

Heute schüttle ich den Kopf über mein damaliges Ich. Erziehen bedeutet für mich: So gut es nur möglich ist, auf Strafen und willkürlich herbeigeführte Konsequenzen zu verzichten. Auch hier wieder nicht vergessen: Wir sind Menschen und fehlbar!

Ich weiß, dass diese Aussage zunächst Verwunderung hervorruft und man womöglich ein Kneifen in der Magengegend verspürt, aber ich möchte dich bitten, dir folgende Situation vorzustellen:

Dein Partner kommt zu dir und meint: „Du, wenn du jetzt mein Auto wäschst und für mich drei Rechnungen überweist, dann bekommst du von mir heute Abend eine Flasche Wein." Du denkst dir jetzt sicher, dass diese Situation absolut abstrakt ist und so etwas nie passieren würde. Da muss ich dir widersprechen. Genau das machen wir täglich mit unseren Kindern. Da sind sie wieder, diese kleinen „Wenn-dann-sonst-Ansagen".

MEIN TIPP: ÜBERDENKE DEINE ROLLE

Meist höre ich auf diese Frage die immer gleiche Antworten: Weil sie kleiner sind und wir erwachsen. Wir sind schlauer. Doch sind wir das wirklich? Sind wir schlauer oder nur länger auf der Welt? Können wir mit Sicherheit sagen, dass wir absolut richtig handeln, und warum haben wir es dann überhaupt nötig, Kinder oder Partner zu manipulieren, wenn wir so schlau sind? Warum geben wir dann die Verantwortung ab? Warum sehen wir in unseren Kindern so viel Potenzial, wenn doch auf der Hand liegt, dass sie weniger schlau sind? Wenn unsere Kinder unsere Gene in sich tragen, warum sind sie dann dümmer? Warum betiteln wir sie oft als „noch zu klein", aber übertragen ihnen dann die Aufgabe, unsere Probleme zu lösen?

Auch den Umkehrfall leben wir so oft. Projizieren wir es noch einmal auf uns Erwachsene. Wie fühlt es sich an, wenn dein Partner zu dir sagt: „Wenn du das Brot jetzt nicht aufisst, gibt es für dich aber keinen Nachtisch mehr." Würdest du dich bevormundet fühlen? Wahrscheinlich schon, oder? Würdest du dir das gefallen lassen? Eher nicht! Aber warum machen wir es dann mit unseren Kindern?

Auf was setze ich also?
- Vertrauen
- Beziehung
- Verantwortung

Was ich damit meine? Nun, ich denke oft an die Zeit zurück, als meine Kinder ganz neu auf der Welt waren. Vielleicht kennst du dieses Gefühl? Sie waren perfekt, und ich wäre, selbst als sie dann etwas älter waren, niemals auf die Idee gekommen, ihnen zu drohen oder sie zu bestrafen, indem ich sie beispielsweise in ihr Zimmer geschickt hätte. Das änderte sich recht schnell, als sie der Sprache mächtig wurden. Man drohte, schimpfte, strafte mit Worten oder sagte Sätze wie „Du bist böse". Aus heutiger Sicht ein Graus, denn nicht die Kinder hatten sich verändert, sondern ich. Die Kinder waren nicht als Babys perfekt, sie sind es die ganze Zeit. Sie kommen vollkommen zur Welt.

Das Problem machen wir Eltern, weil wir aufgrund des Gesellschaftsdrucks der Überzeugung sind, sie formen zu müssen. Schieben wir diesen Anspruch beiseite, können wir entspannen und darauf vertrauen, dass unsere Kinder auch ohne negative Erziehungsmethoden zu tollen Menschen werden.

Es geht nicht darum, das Kind einfach machen zu lassen, was es möchte. Hier kommt der Punkt Verantwortung ins Spiel. Wir Eltern tragen die Verantwortung, nicht nur für unser Handeln, sondern auch dafür, unser Kind beispielsweise vor Gefahren zu schützen.

Es ist mittlerweile weitgehend bekannt, dass Kinder mit allen notwendigen sozialen Kompetenzen geboren werden und diese in den Kindheitstagen ausbilden und entwickeln. Ich sehe meine Aufgabe als Mutter darin, diese Entwicklung durch Vorleben und ein gutes, vertrauensvolles Verhältnis (Beziehung) zum Kind zu unterstützen. Es lernt Respekt, weil ihm selbst respektvoll begegnet wird. Es lernt Empathie, weil sie ihm selbst entgegengebracht wird. Es übernimmt Werte, die es in der Familie kennenlernt.

Hinzu kommen meine eigenen Bedürfnisse und damit verbundenen Grenzen. Ich möchte beispielsweise nicht gehauen oder angeschrien werden, und es ist mein gutes Recht, dies auch zu klarzumachen.

MEIN TIPP: ECHT BLEIBEN — OHNE STRAFEN UND WILLKÜR

Bestrafe ich meine Kinder oder werde über die Maßen laut, möchten sie mir gar nicht zuhören. Sie fühlen sich zu Recht ungerecht behandelt und möchten dann ganz sicher nicht „etwas einsehen".

1. Ich möchte nicht, dass meine Kinder meinen Wünschen entsprechen, weil sie Angst vor den Folgen haben, sondern weil sie verstehen, warum es mir wichtig ist.

2. Werde ich laut und schreie, versteht mich ohnehin keiner so recht. Aus meinem Mund kommt dann eine Ansammlung von emotional undurchdachter Grütze.

3. Ich bin überzeugt davon, dass Kinder den Großteil durch Vorleben aufsaugen und durch Nachahmen einsetzen.

4. Ich bin der Auffassung, dass man echt sein sollte. Es fühlt sich für mich falsch an, sie übermäßig zu loben, obwohl es nicht angebracht ist, und genauso ist eine übersteigerte negative Handlung fehl am Platze. Mit liebevoller positiver Bestärkung gepaart mit den eigenen Bedürfnissen, die man den Kindern vermittelt, erfahren sie ein „echtes Zusammenleben". Fehler machen gehört dazu und auch hier sind wir echt.

Säule 6: Schluss mit Leistungsdruck

„Eigentlich sollst du wie ich werden, nur besser." Ein Satz, der sich traurig und irritierend zugleich liest und doch bitterer Alltag ist. Kinder sollen etwas werden. Sie sollen später jemand sein. Ja, sie sollen es besser machen und haben als wir zu unserer Zeit. Wie das aussieht, entscheiden meist wir Eltern. Wir haben eine fertige Vorstellung davon im Kopf, wie unsere Kinder sein könnten. Wir wissen genau, welche Möglichkeiten sie haben, und wir sind uns darüber im Klaren, welche Fehler wir selbst einmal gemacht haben, die uns vielleicht Chancen verwehrt haben. Diese Mischung wird gefährlich, wenn wir unsere Energie darauf verwenden, das eigene Kind formen zu wollen. Ich sage dazu gerne: Wir wollen eine Pro-Version unseres Selbst erschaffen.

Formen geht häufig mit Druck einher und dieser steht wiederum der Motivation im Wege. Unsere Kinder werden in ihrem jungen Leben wirklich oft verglichen, gemessen und bewertet und man fragt sich, wofür überhaupt. Wem bringt es etwas, wenn ich weiß, dass Kind A besser lesen kann als Kind B? Diese Information hilft beiden Kindern nicht. Druck erzeugt Konkurrenz, Missgunst und greift in die unbesorgte Kindheit ein.

Auf das Argument, man müsse die Kinder doch vorbereiten, schließlich schenke einem später keiner etwas, muss ich oft schlucken. Wir konzentrieren uns mehr darauf, Kinder abzustumpfen, abzuhärten und zu trimmen, als uns daran zu erfreuen, wer sie sind. Wir bringen Kinder auf die Welt, und anstatt darauf gespannt zu sein, welch individuellen Charakter sie in sich tragen und wer sie einst sein werden, beginnen wir damit, an ihren Schräubchen zu drehen.

Manchmal erreicht das Ganze solche Ausmaße, dass wir unseren Kindern das Gefühl geben, nicht genug zu sein, zu versagen, es nicht zu können und nicht mithalten zu können. Ich frage mich ernsthaft, ob das normal ist und ob das richtig ist? Das Kind ist kaum geboren und wir wissen innerlich, dass es vollkommen ist, aber trotzdem vergleichen wir.

„Kind A kann schneller laufen. Stimmt nun bei meinem Kind etwas nicht? Was ist nur falsch? Sollte ich es fördern? Am besten suche ich einen Arzt auf." So beginnt fast unmerklich die Druckspirale. Wir besuchen Kurse, wir fördern, wir holen uns Tipps und meinen es im Grunde wirklich gut. Das Fatale ist jedoch, dass wir dabei mitunter vergessen, auf unsere Kinder zu schauen und in unserem Kopf nur noch der Gedanke sitzt, dass es doch genauso wie Kind A sein müsste.

MEIN TIPP: VERGLEICHE DEINE KINDER NICHT

Jedes Kind ist individuell und damit nicht vergleichbar.

Alter ist zwar eine Maßeinheit, aber allein anhand des Alters kann man unmöglich Vergleiche ziehen, das wäre oberflächlich.

Es darf nicht unser Ziel werden, Kindern zu vermitteln, sie würden leistungsbedingt geliebt.

Wir müssen uns klar darüber werden, dass unsere Kinder nicht wir sind und auch nie wir sein werden. Verabschiede dich von dem Pro-Version-Gedanken.

Nur wer die Möglichkeit hat, sich zu entfalten und sich selbst kennenzulernen, wird seine wahre Begabung und Leidenschaft entdecken.

Neugier und diese unbändige Lust auf Leben sind angeborene Eigenschaften. Selbst wenn wir nichts tun, wird unser Kind spielerisch lernen.

Säule 7: Das „Nein"

Um ein „Nein" zum Ausdruck zu bringen, benötige ich keine Strafe, und um meine persönliche Grenze aufzuzeigen, benötige ich keine Drohung. Nur, weil man auf Strafen und negative Konsequenzen verzichtet, heißt es ja nicht, dass man nun zu allem und jedem „Ja" rufen muss oder gar Beifall klatscht. Genauso wäre es fatal, wenn wir als Eltern keine Gefühle mehr zulassen und jeder Situation mit ein und demselben Gemüt begegnen würden. Ebenso fahrlässig fände ich es, für das Kind eine absolute „Ja"-Umgebung zu schaffen.

Es ist okay und gut, in einigen Situationen dem Gegenüber ein „Nein, ich will das nicht" zu signalisieren und ihm klarzumachen, dass hier eindeutig ein Stopp erreicht ist. Das kann ein persönliches Stopp sein, weil es die eigenen Grenzen überschreitet oder eben auch ein allgemeingültiges Stopp, weil es der Sicherheit dient.

Mein Alltag hat mir gezeigt, dass diese Situationen wirklich sehr überschaubar sind. Bei ehrlicher Betrachtung bleiben beispielsweise Situationen, die Gefahren bedeuten oder die Dritten Schmerzen zufügen könnten. Als weitere Gruppe habe ich für mich Tatsachen gefunden, die nicht änderbar sind. Dazu zählt zum Beispiel, dass mein Kind in die Kita-Betreuung muss, weil wir Eltern arbeiten gehen. Genauso ist in diesem Falle die Schulpflicht an einer deutschen Schule von Rechts wegen nicht verhandelbar. Um noch etwas zu nennen: Meine persönlichen Gegenstände oder Wertsachen, die mir am Herzen liegen. Es gibt Sachen in unserem Haushalt, die gehören mir und ich möchte nicht, dass meine Kinder diese Sachen eigenhändig, ungefragt nutzen. Mein Handy ist zum Beispiel ein solches „Nein" oder mein Arbeitslaptop und das Auto.

Ein letzter Bereich betrifft die Tatsache, dass jedes Familienmitglied eigene Bedürfnisse hat. Nicht immer lassen sich alle Bedürfnisse vereinen, nicht alles kann stundenlang verhandelt und ausdiskutiert werden und Kinder erkennen nicht bei jedem Punkt die Tragweite. Ein schönes Beispiel ist es, wenn mein jüngerer Sohn im Wohnzimmer gerne sein Radio laut aufdreht, während ich telefoniere, der Papa eine Zeitung liest und der Älteste Hausaufgaben macht. Die Bedürfnisse sind hier gegensätzlich und lassen sich nur über Kompromisse vereinen.

Wir haben die Verantwortung, die Möglichkeit und im besten Falle auch den Weitblick, das Neinsagen sinnvoll und dosiert einzusetzen. Viele Bereiche sind verhandelbar und fallen unter die Sparte Kompromisse. Auf bestimmte Situationen, wie zum Beispiel das Zähneputzen, werde ich später noch eingehen.

DU BIST DRAN!

Wenn du in Gedanken deinen Alltag durchgehst, fallen dir sicher auch sofort Gegenstände ein, die du nicht missen möchtest. Es sind die Sachen, deren Verlust uns sehr schmerzen würde, weil wir beispielsweise Erinnerungen damit verknüpfen. In erster Linie sollte es in unserer Verantwortung liegen, diese durch entsprechende Aufbewahrung zu schützen. Es ist nicht Aufgabe der Kinder, dort nicht dranzugehen.

Stelle dir vor, man sagt dir täglich: „Dort steht eine kostbare Vase mit noch kostbarerem Inhalt, aber du darfst sie nicht anfassen." Wie hoch wäre wohl der Reiz, es doch zu tun? Also, worauf wartest du noch? Pack die Gegenstände außer Reichweite und mach sie somit gar nicht erst zum Spielball.

Säule 8: Ich bin auch nur ein Mensch

Trotz noch so guter Vorkehrungen und Beherrschtheit ist es nicht möglich, immer und jederzeit die beherrschte, allseits entspannte Mutter zu mimen. Es gibt Tage, da sind wir schlecht drauf und genervt, ausgelaugt oder traurig und können einfach nicht so reflektiert sein, wie wir es uns selbst wünschen. Das ist okay. Es passiert, dass man aus Versehen laut wird oder einmal auf den Tisch haut.

Die Einsicht, dass das Verhalten überzogen war, kommt meist etwas später, und nicht selten sind wir geschockt über unser eigenes Ich. So unvermeidbar diese Momente auch sein mögen, so haben wir trotzdem die Chance, etwas Gutes mitzunehmen. Wir können uns aufrichtig und ehrlich entschuldigen. Wir können unseren Kindern offen sagen, dass wir uns überfordert, müde oder gestresst gefühlt haben und dadurch ungerecht waren. Wir leben ihnen vor, dass Fehler menschlich sind, und wir zeigen ihnen, dass man dafür geradesteht. Denke immer daran: Nobody is perfect.

MEIN TIPP: SCHULD NICHT BEIM KIND SUCHEN UND WARNSIGNALE ERKENNEN

Im Optimalfall lernen wir uns über die Zeit besser kennen und achten mehr auf unsere inneren Warnsignale, um entsprechend vorbeugend zu deeskalieren. Schaffen wir das nicht, ist eine Entschuldigung das Mindeste, was wir tun können. Auch wenn unsere Kinder augenscheinlich der Auslöser für die Eskalation waren, so sind sie nicht schuld daran, dass wir unangepasst reagieren und unsere Emotionen nicht im Griff haben.

Die Warums in der Erziehung

Hier findest du eine kleine Sammlung der Fragen, die immer und immer wieder gestellt werden. Gerne kannst du hier nachschlagen und Notizen hinterlassen.

Warum setzt man Grenzen?

Jeder Mensch hat Grenzen. Ich bin der Auffassung, dass es nicht möglich ist, ganz ohne Grenzen zusammenzuleben. Niemand würde sein Kind gerne Gefahren aussetzen, und keiner kann sich 24/7 nur nach dem kindlichen Willen richten. Überlege dir, welche Grenzen wichtig und überhaupt notwendig sind und halte diese ein. Mache kein Drama um diese Grenzen und agiere mit einem klaren Nein und trage gegebenenfalls dein Kind liebevoll aus der Situation. Überdenke jedoch willkürliche Grenzen. Diese erkennt man oft an dem kleinen Wörtchen „Man" (Man muss aber jeden Tag sein Zimmer aufräumen, wenn man ein gutes Kind sein will). Viele Grenzen lassen sich prima über Kompromisse regeln (Wir räumen das Zimmer einmal in der Woche zusammen auf).

Warum ist es gar nicht so schlimm, unterschiedlicher Meinung zu sein?

Zusammenzuleben und dem Kind auf Augenhöhe zu begegnen, muss nicht heißen, immer einer Meinung zu sein. Gerade wenn man nicht immer einer Meinung ist, lernt dein Kind, auch andere Ansichten zuzulassen und Kompromisse zu schließen. Voraussetzung dafür ist Fairplay.

Konstruktive Kritik und ein entsprechender Umgang damit bedeuten für das Kind, dass es lernt, mit anderen Standpunkten umzugehen. Gerade wir als Eltern leben so viele „Marotten" vor, dass wir gut daran tun, nicht nur unseren Kindern gegenüber fair zu sein.

Warum es nicht schlimm ist, wenn mein Kind weint

Das ist es auf gar keinen Fall. Weinen gehört genauso zum Leben wie das Lachen. Wichtig ist jedoch die Frage, warum dein Kind weint. Weint es, weil es von dir bestraft wurde und du willkürlich warst, ist es vermeidbar. Weint es jedoch, weil es vor einer Gefahr geschützt wurde und nicht versteht, warum es beispielsweise nicht auf die Straße rennen darf, dann ist das total okay. Wichtig ist, dass du dein Kind nicht alleinlässt, wenn es traurig ist. Sei da!

Warum hört mein Kind nur, wenn ich es anschreie? Oder täusche ich mich?

Es gibt mögliche Alternativen, die man vorab immer versuchen sollte. Unter Pädagogen ist es bekannt, dass es hilfreich ist, auf Augenhöhe des Kindes zu gehen und den Blickkontakt zu suchen.

Auch eine sanfte Berührung (Körperkontakt suchen) hilft, die Aufmerksamkeit zu erlangen. Durch das Einfordern von Feedback („Weißt du, was du tun sollst?") kann man überprüfen, ob das Kind die Botschaft verstanden hat.

Hast du den Eindruck, dass dein Kind wirklich nur beim Anschreien zuhört, überprüfe, ob

- du dich klar verständlich für dein Kind ausdrückst.
- du wirklich die volle Aufmerksamkeit des Kindes hast.
- die Botschaft nicht zu lang ist (verschachtelte Sätze) und zu viele Informationen enthält. Besonders bei kleineren Kindern kann das ein Problem darstellen.

Warum will mir mein Kind einfach nicht helfen?

Diese Frage habe ich mir früher oft gestellt. Egal, wie schön die Angebote waren, mein Kind hatte keine Lust. Irgendwann beobachtete ich mich selbst einmal: Ich riss dem Kind ständig etwas aus der Hand, wenn ich der Meinung war, es sei nicht richtig. Ich korrigierte permanent die Ergebnisse („Schau mal, so gehört es"). Ich störte oft. Das war beim gemeinsamen Kochen so, beim Dekorieren und beim Basteln. Was mir erst viel später bewusst wurde, war, dass ich mit diesen Aktionen den Spaß nahm und zudem gar nicht berücksichtigte, dass Kinder die Welt manchmal einfach anders sehen.

Stell dir einmal vor, dein Kind will mit dir etwas machen, lädt dich dazu ein und fängt dann an, permanent einzugreifen und zu korrigieren. Wie viel Spaß würde es dir machen zu kochen, wenn du hörst, dass das, was du gerade mühevoll zubereitet hast, so nicht richtig oder gut genug ist? Würdest du nochmals mithelfen wollen?

Es geht nicht darum, den Kindern ein falsches Bild vorzuleben und Fehler „unter den Tisch zu kehren", aber häufig zeigt sich, dass Geduld und Nachsicht zwei tolle Tugenden sind. Gefällt dir das Ergebnis nicht, dann frag dein Kind doch einfach höflich, ob du es verändern darfst. Im weiteren Verlauf solltest du dich fragen, ob es wirklich sinnvoll ist, dein Kind um Hilfe zu bitten, wenn du von vornherein weißt, dass es dich nicht zufriedenstellen wird. Ein Kind, das mit Freude die Wohnung dekoriert und eine Mutter, die hinterherläuft und die Arbeit praktisch „vernichtet" – kein Wunder, dass man beim zweiten Mal einfach keine Lust mehr hat, mitzuhelfen.

Warum man bei Wut konzentriert atmen muss

Auf keinen Fall sollte man die Wut ungefiltert am Gegenüber auslassen. Es klingt vielleicht komisch, aber konzentriere dich auf das Atmen und gewinne etwas Abstand zur Situation. Überlege dir, ob es das gerade wirklich wert ist, jemanden anzuschreien oder ungerecht zu werden. Spiegle die Situation und überlege, was du dir gerade wünschen würdest, wenn dir jemand wütend gegenübersteht.

Warum ist es nicht so schlimm, wenn mein Partner anders denkt?

Jeder Mensch trägt seine Erfahrungen in sich und wird durch diese geprägt. Der eine möchte es unbedingt genauso machen, wie es die eigenen Eltern getan haben und der Nächste möchte aufgrund seiner Kindheit das komplette Gegenteil verkörpern. Die Tatsache ist, dass man eine Familie als Verbund sehen muss. Jeder ist mit jedem durch ein Band verknüpft. Daher wird es brenzlig, wenn die Erziehungsansichten wirklich komplett entgegengesetzt ausgerichtet sind. Sollte es sich jedoch nur um Meinungsverschiedenheiten handelt, gibt es keinen Grund zur Beunruhigung. Kinder können sehr gut mit unterschiedlichen Charakteren umgehen. Wichtig ist es, offen darüber zu reden, warum man seinen Standpunkt vertritt. Es liegt auf der Hand, dass man seinen Partner nicht dazu zwingen kann, sich mit einem Erziehungsweg auseinanderzusetzen, für den er nicht offen ist. Kompromisse sollten sich jedoch finden lassen. Im Optimalfall zeigen sich positive Veränderungen, wodurch die Kompromissbereitschaft weiter steigt. Wie auch bei den Kindern, sollte man zu seinem Partner ein ebenso gleichwürdiges Verhältnis pflegen.

Warum uns das Loslassen so schwerfällt

Die Zeit tickt so schnell. Aus Frühling wird Sommer, aus Sommer schnell Winter. Das kleine Baby, das man vor einiger Zeit noch gestillt hat, fragt plötzlich, ob es heute einen Freund besuchen darf. Die süßen Pausbäckchen und kleinen Knubbelfinger haben sich ausgewachsen. Die Gesichtszüge des niedlichen Wonneproppens verwandeln sich immer mehr in kindliche Züge und von diesen in Züge eines heranwachsenden Menschen. Ich stehe oft da, fühle mich wie auf einem Bahnhof, an dem ein ICE am anderen vorbeirauscht und höre mich ganz laut rufen: „Stopp!!!!" Man hört mich jedoch nicht ...

Früher habe ich meine Mutter und Oma dafür belächelt, dass sie gerne die Zeit angehalten hätten. Ich habe nicht verstanden, warum sich Mütter an ihren Kindern festklammern und bei Themen wie Kindergarteneingewöhnung, Schuleinführung oder Ausbildung ins Stocken kommen und schlucken müssen. Ich habe nicht verstanden, warum meine Mutter weinte, als ich meinen Schulabschluss feierte. Ich habe auch nicht verstanden, warum Eltern weinen müssen, wenn sie ihren Sohn oder ihre Tochter stolz mit der Schultüte und Schultasche vor sich sehen. Sind das Freudentränen? Aber warum gucken sie traurig? Können sie sich denn gar nicht freuen? Ich verstand es als Kind nicht und wunderte mich oft darüber.

Heute als Mutter sind diese „Meilensteine" im Leben der Kinder wie eine kleine Offenbarung für mich. Mit jedem Schritt, jeder neuen Veränderung, jedem Größerwerden nehmen wir als Eltern Abschied von besonderen Dingen, an denen wir festgehalten haben. Natürlich freuen wir uns, aber uns wird schmerzlich bewusst, dass neue Reifestufen auch immer Vergänglichkeit mit sich bringen. Und das fällt uns so unheimlich schwer, dieses unausweichliche Loslassen und das Kind Stück für Stück freizugeben.

Trotzdem und gerade, weil wir das nicht aufhalten können, ist es wichtig, dass wir unsere Kinder nicht künstlich kleinhalten. Traut sich dein Kind zum ersten Mal allein zur Schule? Dann steh nicht auf der Bremse. Möchte dein Kind das erste Mal bei einem Freund schlafen? Dann lass es zu. Kinder müssen Erfahrungen sammeln, nur so können sie daran wachsen, und solange wir die Zeit nicht anhalten können, müssen wir das Loslassen einfach üben.

Warum ist es schlimm, das Kind anzuschreien?

Die Frage ist, was versprichst du dir davon, wenn du dein Kind anschreist? Meinst du, die Wirkung ist anders, als wenn du in normaler Lautstärke mit deinem Kind sprichst? Schreist du auch andere Mitmenschen an? Wirst du gerne angeschrien? Genau diese Fragen solltest du dir stellen. Hinzu kommt die Tatsache, dass es kein tolles Gefühl ist, angeschrien zu werden und mitunter außerdem Angst verursacht.

Wir sollten uns das Schreien für Notsituationen aufsparen und einsetzen, wenn wirklich Gefahr im Verzug ist und wir unsere Kinder schützen müssen (Kind droht in einen Teich zu fallen). Wer häufig schreit und es zu einer Art „Routine" werden lässt, muss sich nicht wundern, wenn die Kinder ebenfalls schreien. Zudem schützt Schreien nicht vor Fehlverhalten. Es mag wirken, aber eben nur kurzfristig.

Warum ist die Angst unbegründet, dass ein Kind Ordnung nie lernt?

Ein Kind lernt nicht durch Zwang, sondern indem es Verantwortung für etwas übernehmen darf und es aus einer Passion heraus tut. Ich finde es etwas kurios, die Angst zu hegen, dass aus einem Kind „nichts wird", weil es nicht mit vier Jahren in der Lage ist, das Zimmer selbst aufzuräumen und gleichzeitig der Auffassung zu sein, dass es etwas lernen würde, wenn es mit Druck und Zwang gekoppelt wäre. Verantwortung zu übernehmen lernen Kinder dadurch, dass wir ihnen die Möglichkeiten geben, sich selbst zu spüren, auszuprobieren und zu lernen, aber nicht durch auferlegte Zwänge und Druck.

Warum wir den Kindern Großeltern ermöglichen sollten

Nicht immer ist das Verhältnis zu den Großeltern entspannt, und schon gar nicht sind die Erziehungsansichten gleich gelagert. Trotzdem sind Großeltern meiner Meinung nach für Kinder sehr wichtig. Auch Oma und Opa sind Eltern (gewesen), aber eben einfach anders gestrickt als wir selbst. Auch sie haben ihre Erfahrungen gesammelt und tragen ganz eigene Geschichten in sich, und gerade darum sind sie eine Bereicherung für Kinder.

Meine Bekannten, die ihre Großeltern als Kind nicht so oft gesehen haben, berichten häufig davon, dass ihnen diese Komponente fehlte und sie andere Kinder dafür beneideten, wenn Oma sie beispielsweise freitags regelmäßig an der Schule abholte. Durch die verschiedenen Charaktere sehen Kinder ja erst, dass nicht jeder gleich tickt und es sogar innerhalb von Familien Unterschiede gibt. Sie lernen, sich auf verschiedenste Menschen einzustellen und mit ihnen den Alltag zu gestalten. Gerade bei Oma und Opa kann es besonders schön sein, weil sie vielleicht mehr Zeit und Ruhe mitbringen, manche Aspekte weniger eng sehen und den Kindern ihre eigenen Werte weitergeben.

MEIN TIPP: HILFE ANNEHMEN

Gerade, wenn du weißt, dass dein Tag sehr stressig ablaufen wird, ist es ein guter Rat, die Kinder von den Großeltern betreuen zu lassen. Damit stellst du sicher, dass sie eine tolle Zeit verbringen und du deinen Aufgaben nachgehen kannst, ohne ein schlechtes Gewissen dabei haben zu müssen.

Der Tausch ist perfekt, weil die Großeltern durch die Kinder das Gefühl bekommen, gebraucht zu werden und einen Teil zum Aufwachsen der Kinder beitragen zu können.

Großeltern sind ein Geschenk

- Wenn dein Akku richtig leer ist, können die Großeltern helfend einspringen, genauso bei Krankheit.
- Durch eure Verbindung kannst du dir sicher sein, dass die Kinder in besten Händen sind.
- Dein Kind bekommt hier die volle Aufmerksamkeit.
- Alle profitieren davon.

- Du hast in gewisser Weise die Möglichkeit, indirekten Einfluss zu nehmen.
- Kinder stellen oftmals eine Brücke zwischen gekippten Familienverhältnissen her.

MEIN TIPP: VERHÄLTNIS ZU DEN GROSSELTERN DURCHLEUCHTEN

Überlege bei Konflikten vorab, ob sie Auswirkung auf den Umgang mit deinen Kindern hätten und ob es wert ist, dem Kind deshalb die Großeltern vorzuenthalten oder ob es sich dabei vielleicht doch um persönliche Befindlichkeiten handelt. Natürlich sollte das Verhältnis dabei grundsätzlich von Respekt gekennzeichnet sein und gerade in Sachen Erziehungstipps von vornehmer Zurückhaltung seitens der Großeltern sein. Vertrauen spielt dabei eine große Rolle.

Solltest du in deiner Nähe keine Großeltern haben, lohnt es sich, nach sogenannten Leih-Omis Ausschau zu halten. Häufig sind sie mit vollem Herzen dabei. Auch hier ist ein vertrauensvolles Verhältnis maßgeblich. Dieses solltest du vor allem von deinem Kind abhängig machen.

Warum wir nicht mit dem „bösen" Weihnachtsmann drohen sollten

„Wenn das der Weihnachtsmann sieht, bekommst du keine Geschenke". „Der Osterhase beobachtet dich und schaut, ob du dich auch benimmst." Solche Sätze rutschten mir vor ein paar Jahren noch ganz locker-flockig über die Lippen. Ich dachte nicht einen Moment darüber nach, ob sie negativ wirken könnten. Eines Tages kam mein Dreijähriger von der Kita nach Hause und meinte, dass er

eine Rute bekommen würde, weil er heute nicht artig gewesen sei. Dieser kleine Satz bewegte etwas in mir und ich fing an zu hinterfragen, was wir hier eigentlich machten. Ich glaube, es steht auch für dich nicht zur Debatte, dass all die Feste mit ihren Zaubergestalten im Grunde schöne Anlässe sind. Warum machen wir Eltern es dann kaputt?

Warum übergeben wir unsere Verantwortung an einen Mann, den es gar nicht gibt? Verstehe mich nicht falsch, aber wir reden unserem Kind ein, dass es von einem fremden Mann beobachtet wird, der sein Verhalten sozusagen notiert und bewertet. Am Heiligabend bekommt das Kind dann eine Abrechnung für das ganze Jahr. Ich nenne Weihnachten deswegen auch gerne „Tag der Abrechnung". Die Frage, die bleibt, ist, warum wir Probleme nicht einfach ansprechen, sobald sie auftreten? Warum muss der Weihnachtsmann oder Osterhase unserem Erziehungsauftrag nachkommen? Warum sind wir der Meinung, dass es einen besseren Effekt hat, wenn ein Kind von einer wildfremden Fantasiegestalt in die Mangel genommen wird? Auf all diese Fragen finden wir Eltern keine logische Antwort. Wir machen es uns in dieser Hinsicht leicht und schieben die Verantwortung fiktiven Gestalten in die Tasche. Grund genug, es sein zu lassen.

MEIN TIPP: FESTE NICHT FÜR ERZIEHUNGSMASSNAHMEN MISSBRAUCHEN

Missbrauche Weihnachtsmann und Co. nicht für Erziehungszwecke. Wir sollten die Feste feiern und nicht für Abrechnungszwecke benutzen. Überlege dir, wie du dich fühlen würdest, wenn man dir zu Weihnachten erst einmal vorlesen würde, welche negativen Verhaltensweisen du über das Jahr an den Tag gelegt hast und was man noch verbessern könnte. Kein schönes Gefühl, oder?

Warum ist es Quatsch zu behaupten, dass ein Kind gar nicht hört?

Auch diese Aussage ist Käse. Ein Kind (vorausgesetzt es ist gesund), das gar nicht gehorcht, gibt es nicht. Kinder sind von Natur aus kooperativ und orientieren sich an ihrer Umwelt. Es entbehrt jeder Logik, dass sie sich uns total widersetzen, weil sie sich ohne uns nicht versorgen könnten. Ein Kind, das nicht hört, ist ein Zeichen dafür, dass es seine Autonomie und Integrität wahren möchte. Überprüfe, ob du in eurem Alltag vielleicht zu viele Vorgaben machst, die dein Kind einhalten muss. Gehe Kompromisse ein und zeige deinem Kind, dass du es wahrnimmst und seine Bedürfnisse erkennst. Vermeide es, bestimmte Themen wie etwa das Zähneputzen zu Hotspots zu machen und richte deinen Blickwinkel auf den gesamten Alltag mit deinem Kind.

Warum es nicht stimmt, dass sich Kinder nicht freiwillig an Regeln halten

Ich höre sehr oft das Argument, dass sich Kinder niemals freiwillig an Regeln halten würden. Das stimmt nicht. Der Alltag zeigt uns in vielen Momenten, wie oft Kinder kooperieren und Regeln annehmen. Das Problem ist, dass wir es überhaupt nicht wahrnehmen. Wir konzentrieren uns darauf, was negativ ist. Das Schlechte hat immer eine größere Gewichtung, und so kommen solche Sätze zustande wie „Kinder der heutigen Zeit hören eh nicht" oder „Kinder sind kleine Tyrannen". Das ist Blödsinn.

Warum wir unseren Kindern etwas zutrauen sollten

Kinder können nur lernen, wenn wir ihnen die Möglichkeit geben, Erfahrungen zu machen. Das gilt für mich genauso beim Gärtnern wie auch beim Kochen. Wir helfen unseren Kindern nicht dabei, wenn wir panisch neben dem Fahrrad herlaufen und Angst schüren. Sie werden auch nicht lernen, verantwortungsvoll mit Streichhölzern umzugehen, wenn wir sie immer und immer wieder vor ihnen verstecken. Mir sagte einmal eine Kollegin: „Ein Kind braucht das Feuer genauso wie das Wasser", und genauso sehe ich das auch. Indem wir unsere Kinder alle Facetten ihrer Umwelt erleben lassen und ihnen die Möglichkeit geben, sich auszuprobieren, schenken wir ihnen Selbstverwirklichung und damit ein elementares Bedürfnis.

Meine Arbeit hat mir gezeigt, dass wir unseren Kindern eher zu wenig als zu viel zutrauen. Wir haben Angst, dass sie sich schneiden könnten. Wir haben Angst davor, dass sie sich die Finger verbrennen oder dass sie sich mit der Nadel stechen. Statt aufzuklären, zuzutrauen, zu vertrauen und das Kind zu ermutigen, schüren wir Angst und nehmen somit diese kindliche, unvoreingenommene Freude, etwas Neues zu probieren.

Blicken wir auf uns selbst. Wie gerne hören wir bei neuen Ideen und Vorhaben, für die wir brennen, dass es zig Gefahren gibt? Wollen wir uns anhören, dass wir es am besten doch direkt sein lassen sollten, weil wir uns womöglich verletzen könnten?

Grundsätzliche Familienmissverständnisse

Oh, was reden wir aneinander vorbei, interpretieren falsch oder hören nicht zu! Wie oft schauen wir bei unseren Kindern genau hin, obwohl wir selbst mit uns nachlässig sind?

Ich habe eine tolle Erkenntnis für dich: Viele unserer Probleme im Zusammenleben als Familie beruhen auf Missverständnissen. Wir bekommen davon schlechte Laune und diese bekommen wiederum unsere Kinder oder Partner ab. Beobachtet man seinen Alltag einmal genauer, merkt man, wie oft zwei unglückliche Momente aufeinanderstoßen, sich verbünden und eine Art häuslichen Urknall abgeben. Würde jemand Neutrales im Raum stehen und das Geschehen beobachten, würde dieser uns anlächeln und fragen, warum zur Hölle wir es uns so schwer machen. Gerade bei Missverständnissen untereinander liegt die Lösung oft so nah, aber wir scheinen den Wald vor lauter Bäumen nicht zu sehen.

Das Problem mit der Zeit

Unsere Kinder sind wahre Meister im „Bummeln", auch „Trödeln" genannt. Für das Anziehen einer Socke benötigen sie bis zu zehn Minuten, für einmal Schuhe anziehen mitunter 15 Minuten, und wenn wir morgens so richtig im Stress sind und eigentlich schon längst im Auto sitzen müssten, ertönt häufig ein kleines „Aber ich habe noch was vergessen". Solche Szenarien trieben mich noch vor einiger Zeit zur Weißglut. Ich fragte mich, wieso die Kinder sich nicht einfach mal beeilen können. Ja, zugegeben empfand ich es oft sogar als Provokation. Aus heutiger Sicht habe ich total überreagiert und allein meine Gedanken waren ungerecht. Fakt ist nämlich: Ein Zeitgefühl besitzen Kinder in den ersten Lebensjahren nicht, und auch die Uhr und Tages- oder Jahresabläufe müssen erst gelernt werden. Dass ein Kind im Vorschulalter trödelt, um seine Eltern absichtlich zu ärgern, halte ich inzwischen für sehr unwahrscheinlich und selbst wenn, dann haben wir es in der Hand, die Situation friedlich aufzulösen.

Vom Bummeln

Das Wort „Bummeln" ist für mich ein von Eltern beschriebener Umstand. Kinder würden dieses Wort ohne uns gar nicht kennen. Ja, sie fühlen es nicht einmal, dass sie gerade bummeln. Vielmehr sind sie in eine Tätigkeit so vertieft und widmen sich dieser mit solcher Hingabe, dass alles um sie herum einfach ausgeknipst scheint. Wir kennen diese Situation auch aus anderen Bereichen, etwa wenn ein Ball auf die Straße rollt und das Kind nur den Gedanken hat „Ich muss zum Ball". Der Verkehr und andere Faktoren, die vielleicht sogar gefährlich sein könnten, werden dabei ausgeblendet.

Wie aber soll man nun einen Weg als Eltern finden, damit alle Bedürfnisse in Einklang kommen, und gibt es die Möglichkeit, den Kindern die Zeit „fühlbarer" zu machen? Diese Frage beschäftigte mich, und inzwischen habe ich ein paar Lösungen gefunden. Meine Kinder fühlen die Zeit natürlich trotzdem nicht mehr oder weniger und besitzen auch nicht auf einmal ein Zeitgefühl, aber ich habe es geschafft, die Zeit für sie sichtbarer zu machen. Hierfür müssen sie nicht einmal eine Uhr lesen können.

Vergehende Zeit aufzeigen

Die Eieruhr oder auch die Sanduhr spielen mittlerweile in so vielen Bereichen unseres Alltags eine Rolle. Ich kann dir nur wärmstens empfehlen, sie im Haushalt griffbereit zu haben. Jede hat für sich tolle Eigenschaften und wird bei uns tagtäglich eingesetzt. Die Eieruhr bietet aufgrund des Signals eine Endzeit. Ich kann mich darauf verlassen, dass sie zuverlässig mit einem schrillen Klingeln aufzeigt, wann die vorab eingestellte Zeit verstrichen ist und die Kinder damit auch aus weltfernen Zuständen (Tablet schauen) gerufen werden.

Wann die Eieruhr perfekt ist
- Zur Selbstkontrolle in Bezug auf TV-Konsum, Tablet- und Handynutzung
- Aufräumwettspiele
- Beim Kochen und Backen mit Kindern (Garzeiten oder Backzeiten)
- Zeitliche Abgrenzung von Tätigkeiten wie beispielsweise baden (sie würden sonst nie aus der Wanne rauskommen), Hausaufgabenzeit (nicht länger als 30 Minuten)

Wann die Sanduhr perfekt ist

Diese nutzen wir sehr gerne, um die Zeit in ihrem Ablauf zu veranschaulichen. So ist sie beispielsweise beim Zähneputzen eine tolle Hilfe, weil die Kinder sich darauf konzentrieren, wie der Sand durch die Uhr rinnt und es sie zu motivieren scheint, wenn sie sehen, dass die Zeit verstreicht. Genauso gerne veranschaulichen die Kinder damit, ob man etwas in einer bestimmten Zeit schafft oder für spielerische Wettkämpfe, wer „schneller umgezogen ist".

Wochentage

Spätestens mit dem Schuleintritt wird das Thema Wochentage sehr präsent, aber auch schon vorher spielt es eine Rolle. Viele Familien arbeiten beispielsweise an einem Tag der Woche verkürzt. In anderen Familien kommt die Oma immer an einem bestimmten Tag der Woche zu Besuch. Es hilft uns und natürlich auch den Kindern, wenn wir uns an festen Abläufen orientieren können.

Es ist jedoch schwer verständlich zu machen, welcher Tag heute ist und welcher Tag am 30. des Folgemonats. Hier kann man sich Farben zunutze machen. Im Hausaufgabenheft und unserem Wandkalender erhalten die Wochentage sieben unterschiedliche Farben. Aus Montag, Dienstag, Mittwoch usw. wird nun „der rote Tag" oder „der blaue Tag". Es fällt den Kindern sichtlich leichter, sich damit zu orientieren. Um zusätzlich zu kennzeichnen, welcher Tag heute ist, streichen wir die vorhergehenden Tage an dem Kalender durch. Die Bezeichnung der Wochentage erwähnen wir eher beiläufig. Die Praxis hat gezeigt, dass die Farben früher oder später durch die korrekten Namen ersetzt werden.

Der Jahresverlauf

Noch viel weiter gegriffen ist das Jahr in seinem Ablauf. Es gibt so viele Unterteilungen: Monate, Jahreszeiten, Tage, Wochen. Als Kind die Zusammenhänge zu verstehen, ist sicher gar nicht so einfach. Kinder fragen so oft, wann Wochenende ist, weil sie wissen, dass sie an diesen Tagen „frei haben". Mit einem Jahreskalender für Kinder hat man die Möglichkeit, dieses entsprechend aufzuzeigen.

Die Monate in ihrer Reihenfolge zu kennen, empfinde ich für die Kinder am schwierigsten. Viel besser klappen da schon Jahreszeiten. Damit sie trotzdem ein Gefühl dafür entwickeln, was das Jahr und die Monate mit sich bringen, kann man sich den Jahreszeitentisch inspiriert durch die Waldorfpädagogik zunutze machen.

Auf einem Tischlein oder einem Schrank werden jahreszeitentypische Naturmaterialien gesammelt. Auch Bilder und Basteleien können zur Veranschaulichung genutzt werden. Die Kinder sammeln dafür gerne im Garten oder unterwegs Pflanzen, welche wir zusammen mit Tierfiguren (die man zu dieser Jahreszeit im Freien bei uns entdecken kann) hübsch dekorieren.

Achtung Wutanfall – Grenzerfahrung Aggression

Wer ein Kind sein Eigen nennt, das noch nie einen Wutanfall hatte, der klappe dieses Buch bitte zu und lege es beiseite. Nein, im Ernst: Ich glaube, jede Familie darf oder durfte ihre Erfahrungen in Sachen Wut bei Kindern sammeln.

Er gehört zur kindlichen Entwicklung dazu, genauso wie die Tatsache, dass sie sprechen und laufen erlernen. Manchmal sind für uns die Beweggründe für den Wutanfall nicht so richtig klar, und noch viel häufiger sehen wir ihn zu Unrecht gegen uns gerichtet. Sicher ist: Irgendwann trifft es jeden von uns einmal, und schnell geraten wir selbst an unsere Grenzen. Wir fühlen uns in der Pflicht, etwas zu unternehmen. Ein Kind einfach so toben zu lassen, erscheint uns schwer. Es muss doch sehen, dass es einen Fehler macht – oder etwa nicht? Man muss ihm doch zeigen, dass es so nicht geht. Es muss doch lernen, sich angepasst zu verhalten.

Sicher kennst du Momente, in denen du frustriert bist. Vielleicht klappt etwas einfach nicht, wie du es dir gerade wünschst oder du fühlst dich unverstanden. In dir steigt ein schlechtes Gefühl auf, und nicht selten verwandelt sich diese Frustration in Wut. Wir unterscheiden uns in solchen Momenten weniger von unseren Kindern, als uns vielleicht bewusst ist. Der Unterschied liegt darin, dass wir im besten Falle:

a schon gelernt haben, mit der eigenen Frustration umzugehen (Frustrationstoleranz),

b eine höhere Hemmschwelle besitzen durch unsere gesammelte Erfahrung

c und/oder eventuell weniger Gründe für Frustration haben.

Verbote oder eine gefühlte Ungleichbehandlung können Kinder frustrieren. Es kann sie frustrieren, wenn sie eine Fähigkeit noch nicht haben, sie ihre Bedürfnisse missachtet sehen oder auch in Vergleichsmomenten den „Kürzeren ziehen".

Diese Frustration äußert sich auf verschiedenste Weise. Meine Kinder könnten beispielsweise kaum unterschiedlicher sein. Während der eine seine Frustration durch kontrolliertes „Auspowern" besser abbaut, bekommt der andere seinen „Wutanfall" durch verbales „Auslassen" besser in den Griff.

So viele Kinder es gibt, so verschieden sind wohl die Wege. Ich bin mir sicher, dass es sogar Naturtalente in Sachen Frustrationstoleranz gibt à la „der Fels in der Brandung". Meine Kinder gehören definitiv nicht dazu. Ich finde es nicht schlimm, denn sie haben so viel Zeit zu lernen, man muss es nur zulassen. Diese Ansicht hatte ich nicht immer, im Gegenteil, mir war es früher unangenehm. Ich war mit der Situation überfordert, wenn ich augenscheinlich die Kontrolle verloren hatte. Damals ging ich den unkomplizierten Weg: Strafe oder Wenn-dann-sonst-Drohungen. Natürlich verfehlten sie die Wirkung nicht. Das Kind war ruhig und folgte. Doch was ich da eigentlich machte, erkannte ich erst viel später. Ich unterdrückte die Gefühle meiner Kinder und versuchte diese zu steuern.

Wir können die Situation zum Beispiel verschlimmern, indem wir auf das Kind einreden, versuchen die Frustration zu unterdrücken oder unsere eigenen Gefühle nicht im Griff haben. Ja, manchmal neigen wir auch dazu, vorschnell den Problemlöser zu spielen. Wir könnten aber auch auf der Seite des Kindes bleiben und es durch seine Frustration begleiten und unterstützen. Hier gilt es, die Integrität des Kindes zu wahren und nicht dem Druck der Gesellschaft zu entsprechen.

Das wirklich Schwierige daran ist für mich, diesen Moment durchzustehen, ohne die Fassung zu verlieren. Wir haben gelernt, dass öffentliche Frustration, Wut und auch teilweise Trauer keine gesellschaftsfähigen Gefühlsregungen sind und man sie möglichst nicht offen zeigen sollte. Du weißt vielleicht, wovon ich spreche. Kennst du den Moment, wenn dein Kind wütend ist und du selbst ebenfalls wütend wirst, weil dich das Verhalten derartig aus der Bahn wirft? Wie das endet, habe ich bereits geschildert. So viel ist klar: Es wird zwei Verlierer geben.

Frustration als diese erkennen und zwei Gewinner haben

Die ganze Situation wird deutlich entschärft, wenn wir anfangen, einen Wutanfall oder die Aggression als das wahrzunehmen, was es eigentlich ist: Frustration. Da schreit kein aggressives Kind „blöde Mama", sondern ein frustriertes Kind. Es macht das auch nicht einfach so, weil ihm gerade danach ist und es uns als Eltern ärgern oder testen möchte, sondern weil es gerade ein Problem hat, auch wenn wir es im ersten Moment nicht erkennen. Hat es dann nicht jedes Recht der Welt, Gefühle zu haben und zu zeigen? Wir als Eltern können unser Kind mit dieser Erkenntnis viel besser annehmen. Wir können es trösten oder einfach da sein. Noch eine Erkenntnis, die uns aufatmen lässt: Frustrationstoleranz ist ein Lernprozess, und wir können dazu beitragen, dass unsere Kinder mit Frustration später einmal gut umgehen können und ihnen damit eine solide Basis mitgeben.

MEIN TIPP: FINDE EINEN GUTEN WEG, UM MIT WUT UND FRUSTRATION BEI DEINEM KIND UMZUGEHEN

1. Ein Kind muss den Umgang mit Frustration erst erlernen. Wir können ihm dabei helfen, diesen Weg möglichst gut zu meistern, ohne ihm zusätzliche Steine in den Weg zu legen.

2. Löse dich von dem Gedanken, dass Wut etwas Schlechtes ist, das man nicht zeigen darf. Ziel sollte es sein, dieses Gefühl ausleben zu dürfen und darüber Kontrolle zu erlangen.

3. Diese Erfahrung kannst du deinem Kind nicht abnehmen oder durch Lob oder Strafen beibringen, sondern durch Vorleben. Dein Kind wird dich beobachten und schauen, wie du mit deiner Wut umgehst.

Wenn es zur Attacke kommt

Du hast es sicher schon herausgelesen: Frustration ist für mich also erst einmal nichts Schlimmes. Trotzdem möchte ich auf die Steigerung gerne eingehen. Es ist wirklich eine Frage, die mir immer und immer wieder gestellt wird: *Was tue ich aber, wenn mein Kind körperlich wird?*

Sollte eine Situation derart aus den Fugen geraten, dass es körperlich wird oder Gegenstände beschädigt werden, klatsche ich sicherlich nicht Beifall und warte gespannt auf das Ergebnis. Nun ist für mich Handeln gefragt. Wenn wir ganz tief in uns hineinhören, dann sagt uns unser ureigener Instinkt, dass das Attackieren Dritter oder auch Zerstören von Eigentum nicht mehr okay ist. Warum? Es ist eine Grenzüberschreitung, und damit braucht es dann die rote Karte. Keiner will, dass sein eigenes Kind von einem anderen Kind geschlagen wird, und genauso wollen wir auch den Umkehrfall nicht gutheißen. Wut zuzulassen bedeutet nicht, Gewalt zuzulassen. Das gilt für Erwachsene genauso wie für Kinder.

Auch hier tragen wir Erwachsenen die Verantwortung. Es ist unsere Aufgabe, unsere Kinder zu schützen und natürlich auch unsere eigene Unversehrtheit sowie die aller Beteiligten zu wahren. Eine Leserin fragte mich schockiert: *„Ja, aber soll ich mich nun schlagen lassen?"* Nein! Gewalt in jeglicher Form sollte abgewendet werden. Gehe dazwischen, schütze dich und andere und signalisiere durch ein deutliches „Stopp", „Nein" oder „Ich will das nicht", dass für dich eine eindeutige Grenze überschritten wurde.

Versuche trotzdem davon abzusehen, dein Kind zu strafen oder durch deine Worte Schuldgefühle zu verursachen. Sicher bist du sauer. Das darfst du auch offen sagen, aber es würde nichts bringen, symbolisch nachzutreten und dich so vielleicht sogar auf die gleiche Ebene zu stellen. Was soll dein Kind dabei auch lernen, wenn du im ersten Schritt das Verhalten kritisierst und im zweiten Schritt aber die Auseinandersetzung auf die gleiche, ungerechte Weise weiterführst?

Auch, wenn es häufig für uns den Anschein hat, so sind diese Attacken meist nicht bewusst gegen bestimmte Personen oder Gegenstände gerichtet, sondern einfach eine Art des Frustrationsabbaus. Hier gilt es anzuknüpfen und deinem Kind Alternativen zu zeigen.

MEIN TIPP: IM ERNSTFALL PROFESSIONELLE HILFE SUCHEN

Nicht vergessen: Körperliche Attacken gegen Menschen sind ein Extremzustand, der realistisch betrachtet äußerst selten eintritt, wenn der Umgang innerhalb der Familie miteinander von Respekt und Gleichwürdigkeit gekennzeichnet ist.

Sollte dein Kind jedoch Probleme haben und häufig massiv körperlich gegenüber Mitmenschen werden, ist professionelle Hilfe anzuraten.

Mit Frustration umgehen

Mit Frustrationen gut umzugehen, ist ein fortlaufender Lernprozess, den wir als Eltern wundervoll unterstützen können. Die Möglichkeiten sind verschieden, und ich bin mir sicher, dass jedes Kind einen anderen Schlüssel findet, mit der eigenen Frustration klarzukommen und zu lernen, sie zu kontrollieren.

Mögliche Umgangsweisen mit Frust und Wut
- Spiegeln der Situation (wir beschreiben neutral aus der Erzählperspektive die Situation, die zur Eskalation führte)
- Einen Sitzsack oder ein Kissen zum Entladen der Wut freigeben
- Das Kind trösten und es in den Arm nehmen (Achtung: Nicht alle Kinder wollen das in Frustrationsmomenten!)
- Gefühle ernst nehmen und Verständnis zeigen
- Gemeinsam Worte für den Frust finden und zusammen schimpfen

Weniger gute Reaktionen auf Frustration

- Schnell ablenken, obwohl das Kind sich sichtlich damit beschäftigt („Guck mal, wollen wir jetzt das spielen?", nachdem beispielsweise das Kind bei einem Spiel verloren hat)
- Verharmlosen („Ach komm, so schlimm ist es nicht")
- Sich keine Zeit nehmen („Weißt du, ich habe jetzt keine Zeit für deine banalen Problemchen")
- Das Kind vorführen („Sei nicht so eine Memme")

Kinder und Höflichkeitsfloskeln

„Mama, auf einmal war der Kloß im Hals"

„Meine Tochter ist im Urlaub unglücklich gestolpert und hat dabei ihr Getränk verschüttet. Natürlich musste vor uns ein älteres Ehepaar laufen. Der Becher landete im hohen Bogen auf der Jacke der älteren Dame. Nun standen wir da, peinlich berührt. Die Situation hätte kaum schlimmer werden können, als meine Tochter sich nicht einmal entschuldigen wollte und es ihr förmlich die Sprache verschlug."

Mutter mit Tochter (5)

Höflichkeitsfloskeln und freundliche Umgangsformen sind natürlich wichtig, und man freut sich über ein „Hallo" genauso wie über ein „Bitte", „Entschuldigung" oder ein „Danke". Ich würde lügen, wenn ich nun schreiben würde, dass es egal ist, ob Kinder höflich sind. Trotzdem finde ich es suboptimal, auf Entschuldigen, Grüßen oder Bitten zu bestehen.

Warum Kindern Höflichkeit schwerer fällt

Für mich hat diese Auffassung drei verschiedene Beweggründe. Zum einen besitzen Kinder unter fünf Jahren noch keine empathischen Fähigkeiten und können sich daher nicht in andere hineinversetzen. Der zweite Grund liegt für mich darin, dass ich es moralisch verwerflich finde, wenn mein Kind sich nur deshalb entschuldigt, weil es Angst vor den negativen Folgen hat und es seine Entschuldigung nur „aufsagt". Kinder sind gegenüber Fremden oft – zu Recht – schüchtern und es fällt ihnen ohnehin schwer, ein Wort herauszubringen. Wo führt es hin, wenn ihr dann auf einer Entschuldigung besteht?

„Mama. Ich soll ja nicht mit Fremden sprechen!"

Ich muss dabei oft an eine kuriose Geschichte einer Freundin denken. Ihr Sohn hat gelernt, dass es einerseits fremde Menschen gibt und andererseits Tanten beziehungsweise Onkel, die eher als Bekannte einzustufen sind. Eines Tages drückte die Fleischereifachverkäuferin dem Jungen ein Wiener Würstchen in die Hand und meinte: „Bitte, mein Kleiner." Der Junge stand irritiert da, wirkte suchend, und als seine Mutter ihn darauf hinwies, dass er sich bedanken solle, schüttelte er den Kopf. Es war kein Problem für sie und so sagte sie selbst ein nettes Danke und ging mit dem Sohn weiter. Als sie sich später bei ihm erkundigte, warum er sich nicht bedanken wollte, meinte der Vierjährige keck: „Aber Mama, du hast gesagt, ich soll nicht mit Fremden sprechen." Recht hat er! Wir Erwachsenen sind aber auch verdammt verwirrend.

Was bleibt uns übrig als Eltern? Die Antwort ist so einfach wie nahe-liegend. Wir gehen mit gutem Beispiel voran. Wir können uns ent-schuldigen. Wir können vorleben und wir können unseren Kindern aus dieser Situation helfen. Es ist nichts dabei, das Wort zu ergreifen und sich im Namen der Kinder zu entschuldigen, wenn wir denken, dass es angebracht ist. Im Nachgang steht uns natürlich frei, in aller Ruhe das Gespräch mit unseren Kindern (je nach Alter) zu suchen und unsere Wünsche zu äußern: „Du, ich fände es gut, wenn du dich auch von Opa verabschiedest."

MEIN TIPP: SITUATION NICHT VERKOMPLIZIEREN

Vor allem schüchternen Kindern fällt es schwer, auf Fremde zuzu-gehen. Mach die Situation nicht noch komplizierter und ergreife das Wort für dein Kind. Es hat noch viele Jahre Zeit, seine Fähig-keiten auszubilden. Wenn es merkt, dass „Bitte", „Danke", „Hallo" und „Tschüss" zu deinem Alltag gehören und kein Premium-Augenmerk darauf gelegt wird, wird es diese Höflichkeitsfloskeln als Selbstverständlichkeit empfinden.

Von Dingen, die man nicht sagen sollte

„Sei nicht immer so vorlaut!", „Das wird doch nie etwas, wenn du das machst!", „Du bist immer zu spät!", „Nie räumst du deine Sachen weg, was soll das?", „Warum bist du nur immer so nörgelig?"

Erwischt? Kein Problem, ich mache mich selbst nicht frei von solchen, gelinde gesagt, bescheuerten Sätzen. Nicht nur den Kindern gegenüber rutschen sie uns heraus, sondern auch unseren anderen Mitmenschen gegenüber. Dabei sind solche Sätze wirklich schlecht.

Die Psychotherapeutin Sabine Unger prägte den Begriff Bannbotschaften im Zusammenhang mit solchen Sätzen. Sie bewerten unsere Kinder und prägen das Selbstbild. Nun könnte man meinen: *„Gar nicht so schlimm, solche Sätze rutschen immer mal heraus, aber sind ja gar nicht so gemeint."* Das Problem dabei ist, dass Kinder uns glauben und davon ausgehen, dass wir Recht haben mit dem, was wir da von uns geben. Und schon wird eine blöde Aussage in der Masse eine kleine Katastrophe.

Ich möchte dich hier nicht belehren und dir sagen, dass du etwas falsch gemacht hast oder versagt hast. Ich möchte uns Eltern einfach ein wenig wachrütteln und dazu animieren, ein wenig mehr auf unsere Sätze zu achten, die uns manchmal regelrecht aus dem Mund poltern. Ich weiß, dass wir es ganz tief in unserem Herzen gar nicht so meinen, aber oftmals kommen genau solche Sätze wie oben aus uns heraus und treffen bei den Kindern ins Schwarze.

Ich selbst hatte diesen Aha-Moment, als mein Großer drei Jahre alt war. Wir waren wieder einmal zu spät dran (ja: mein Problem) und er trödelte (ja: Er hatte kein Zeitgefühl) und fing an „herumzuäffen" und ich war genervt (wieder mein Problem) und dann rutschte es irgendwann aus mir heraus: „Du bist böse!" Im selben Moment erschrak ich vor mir selbst, war total fassungslos über meine Entgleisung und entschuldigte mich sofort.

Verbale Ohrfeigen für Kinder

Meine oben aufgeführten Beispiele sind nur die Spitze des Eisbergs. Wir Eltern sind quasi Profis darin, verbale Ohrfeigen auszuteilen. Mitunter nutzen wir dafür nicht einmal die kleinen Wörtchen „immer" oder „nie". Bannbotschaften legen sich wie kleine Schatten (als Bann) über unser Gemüt und untergraben unser Selbstbewusstsein, häufig sogar ohne uns dessen bewusst zu sein.

Bannbotschaften

Neben den uns bekannten Sätzchen mit „nie" oder „immer" gibt es noch weitere Formen von Bannbotschaften. Um einige Beispiele zu nennen:

- *„Stell dich nicht so an!"*
- *„Du benimmst dich wie eine kleine Tussi."*
- *„Ich will dich nicht mehr sehen."*
- *„Ich habe die Schnauze gestrichen voll von dir."*
- *„Ich habe dich jetzt nicht mehr lieb."*
- *„Selber schuld. Das hast du davon."*
- *„Stell dich nicht so dumm an!"*
- *„Lass mich mit deinem Mist in Ruhe."*
- *„Das interessiert mich nicht."*

- *„Ach komm, du Memme. Heul nicht rum!"*
- *„Wie kann man nur so schwer von Begriff sein?"*
- *„Wärst du nur etwas mehr wie deine Schwester!"*
- *„Du bist doch kein Baby mehr. Hör auf zu heulen!"*
- *„Du? Vergiss es, das wird nie etwas."*
- *„So wird aus dir nie etwas."*

Werden solche Sätze immer und immer wieder ausgesprochen, schleichen sie sich in das Unterbewusstsein ein. Sie verunsichern, stehen im Weg, bauen Mauern, nehmen Mut und Kraft und beeinflussen Neugier und Fantasie im negativen Sinne. Würde man wiederholt zu dir sagen, dass du eine schlechte Mutter seist, würdest du wahrscheinlich irgendwann darüber grübeln, ob es nicht vielleicht sogar stimmt. Besonders wenn vertraute Personen dir solch eine Bannbotschaft übermitteln, verunsichert das schnell. Ich selbst kenne einige Erwachsene, die von sich behaupten, dass neue Projekte doch eh scheitern werden. Fragt man danach, wie sie darauf kämen, folgt die prompte Antwort: „Das war bei mir schon immer so." Dieser Umstand ist kein Zufall, sondern unter „selbsterfüllende Prophezeiung" vor allem in Psychologenkreisen bekannt. Es handelt sich dabei um in uns verankerte Gedankengänge oder Glaubenssätze, denen wir unbewusst Folge leisten. Ganz davor schützen kann man sich wahrscheinlich nicht, aber zumindest kann man auf diese Weise sensibler damit umgehen. Ich muss in diesem Zusammenhang oft an eine positive Prophezeiung denken: „Du kannst alles schaffen, wenn du nur an dich glaubst." Für mich steckt viel Wahrheit in dieser Aussage.

Wie Bannbotschaften beeinflussen

Haben sich die Bannbotschaften erst einmal festgesetzt, wird es schwer, das Kind vom Gegenteil zu überzeugen. Hört unser Kind immer und immer wieder, dass es sich zum Kochen zu dumm anstellt, wird es irgendwann die Lust daran verlieren, es überhaupt zu versuchen. Das „Kann ich eh nicht" setzt sich im Kopf fest. Das Selbstbewusstsein wird gemindert, und die Angst wächst, beim erneuten Versuch wieder einen Misserfolg zu verzeichnen. Im schlimmsten Fall entwickelt sich eine Abwärtsspirale aus der Verunsicherung und der Tatsache, dass es sich daraufhin nichts zutraut. Das Kind hat keine Möglichkeit, Erfolge zu verbuchen und daraus neue Motivation zu schöpfen. Das Fatale an diesen selbsterfüllenden Prophzeiungen ist, dass sich das „Kann ich nicht" wirklich bewahrheitet. Nicht, weil das Kind es tatsächlich nicht kann, sondern weil es so unsicher in die Situation geht, dass etwas schief läuft. Es ist schade um das Potenzial, das wir Eltern mit solchen unüberlegten Äußerungen vielleicht direkt im Keim ersticken.

Alternative in Sachen Bannbotschaften

Die gute Nachricht ist, es gibt eine Lösung. Lenkt man den Schwerpunkt vom Negativen ins Positive, erzielen diese Botschaften eine ganz andere Wirkung. Die Grundaussage sollte dabei heißen: „So wie du bist, bist du gut." Übt man das positive Formulieren als eine Art Achtsamkeitsübung, profitiert nicht nur das Kind davon, sondern alle Familienmitglieder.

- Überlege, wann und warum du Bannbotschaften verwendest.
- Kehre die Botschaft so um, dass das Augenmerk nicht mehr auf dem Negativen liegt (Anstatt „Du bist das unordentlichste Kind der Welt!" besser „Räume bitte den Müll auf!").

- Überlege, ob du eine Botschaft gerne hören würdest, bevor du sie aussprichst.
- Finde heraus, ob du Bannbotschaften verwendest, die du als Kind „eingeimpft" bekommen hast und streiche diese aus deinem Alltag.

Verbale Ohrfeigen und die Wörtchen „nie" und „immer"

Die verbalen Ohrfeigen wie „Du Heulsuse!" darfst du getrost gleich ganz streichen. Die Begründung ist ganz einfach: Was hast du davon, solche Sätze zu sagen? Sie machen die Situation nicht besser.

Die Wörtchen „nie" und „immer" solltest du ebenso vermeiden. Realistisch betrachtet gibt es kaum Eigenarten, die man ausnahmslos immer oder eben nie tut. Des Weiteren führt ein „Nie hörst du mir zu" zu der unweigerlichen Frage, warum man es dann tun sollte, wenn es ohnehin feststeht, dass man es nie tut.

Mir hat der Klaps doch auch nicht geschadet

Aus meiner Sicht müsste man über Gewalt am Kind nicht diskutieren, weil es aus gutem Grund Gesetze gibt und klare Rechtsprechungen. Zudem war ich immer der Meinung, dass die Mehrheit der Eltern Schlagen als Erziehungsmaßnahme geradezu verabscheut. Leider musste ich in meinem Berufsalltag immer wieder feststellen, dass ich mit meiner Überzeugung nicht unbedingt Recht habe. Immer noch gibt es Mütter und Väter, die das mit „Ist doch nur ein Klaps!" verharmlosen.

Es ist nur ein Klaps – eben nicht

Wie auch immer man es nennen mag: Hauen, klapsen, ein bisschen klatschen, nur mal auf den Mund oder die Finger – es bleibt schlagen. Häufig stolpert man im Netz über verniedlichende Begriffe. Allesamt sind sie nichts anderes als Synonyme für Schlagen und damit Gewalt. Es tut auch nichts zur Sache, wie doll man zuhaut und ob es nur ganz leicht war. Es geht nicht darum, ob man die Hand irgendwo sehen kann. Allein die Symbolik spricht Bände und hinterlässt Narben, wenn nicht auf der Haut, dann auf der Seele der Kinder.

Dass auch Klapsen negative Wirkung auf das Kind hat, zeigte eine Meta-Analyse von Studien aus 50 Jahren Forschungsarbeit. Die Ergebnisse wurden von Wissenschaftlern der University of Texas und der University of Michigan zusammengetragen und in einer Fachzeitschrift veröffentlicht. Das Fazit daraus ist erschreckend und zugleich ernüchternd:

Kinder, die man schlägt oder „klapst",
- sind nachweislich aggressiver.
- zeigen nur kurzfristige „erfolgreiche Einsicht" auf ihr Fehlverhalten. Die Nachwirkungen sind jedoch so negativ, dass sich dieser kleine Erfolg verwischt.
- gehorchen vielleicht den Eltern/Lehrern, suchen sich aber oftmals ein Ersatzventil, wenn die Erwachsenen nicht zusehen.
- lernen, Konflikte mit Gewalt zu lösen.
- leiden auch noch im Alter unter den Folgen (bewusst oder unbewusst).
- sind bei regelmäßigem Schlagen von kognitiven Veränderungen betroffen (in manchen Gehirnarealen zeigte sich bei Untersuchungen ein geringerer Anteil grauer Gehirnmasse).

Dass manche Menschen körperliche Gewalt mit „Uns hat es doch auch nicht geschadet" beschönigen, zeigt für mich, dass es doch geschadet hat. Die Legitimation von Schlagen spricht Bände, zeugt von fehlender Empathie und in gewisser Weise von Abgestumpftheit. Denn so viel ist klar: Gewalt, egal gegen wen gerichtet und wie sie aussieht, sollte nie eine Antwort oder ein Ansatz sein, niemals.

Respekt verschaffen geht anders

Ein Kind, das geschlagen wird, wird eventuell direkt das „Fehlverhalten" einstellen. Es wird vielleicht sogar das gewünschte Verhalten an den Tag legen und ganz vielleicht wird es sich dann nicht mehr erlauben, den Eltern zu widersprechen. Aber es geht so viel dabei kaputt.

Das Kind entwickelt auf diese Art keinen Respekt, sondern Angst und im schlimmsten Falle Wut auf die eigenen Eltern. Es ist ein tiefer Vertrauensbruch und genauso wie bei Bestrafung ein Verbindungsabbruch. Es gibt immer Alternativen und in Sachen Gewalt sogar eine ganze Menge davon.

Keiner möchte geschlagen werden. Wir sollten unsere elterliche Macht niemals dafür missbrauchen, Gewalt auszuüben. Sollten dich Situationen derartig aus der Bahn werfen, darf es nicht so weit kommen, dass gegen das Kind die Hand erhoben wird. Versuche bei bestehenden Problemen, die Situationen zu analysieren und zu erkennen, warum du solche Gefühlsregungen verspürst und arbeite daran. Es ist in jedem Fall anzuraten, sich rechtzeitig fachliche Hilfe zu suchen, falls das Thema Gewalt im Erziehungsalltag präsent ist.

Mein Kind provoziert mich!
Eigene schlechte Gefühle
auf das Kind projizieren

Vielleicht hast du schon einmal von einem sogenannten Trigger gehört? Es ist ein Auslöser, der in uns ein Gefühl verursacht. Die Kinder oder auch unser Partner und das Umfeld im Allgemeinen können nichts dafür, dass da mit uns etwas passiert.

Ein Beispiel dazu, wie Trigger sich äußern:
Wir sitzen im Garten bei schönem Wetter und ich genieße die Ruhe. Die Jungs spielen neben mir und werden im Spiel immer lauter und wilder. Schon in dem Moment, wo der Lärmpegel ansteigt, werde ich unentspannt und fühle mich gestresst. Keine Frage: Die Kinder sind laut, aber das Gefühl, das sich in mir regt, mache ich mir ganz alleine. Keiner provoziert mich in dieser Aktion aktiv, dennoch fühle ich mich vom Lärm der Kinder provoziert. Es passiert, dass ich unbeherrscht werde und viel zu impulsiv rumbrülle: „Verdammt. Könnt ihr nicht einfach mal leise sein? Nirgendwo hat man hier seine Ruhe!"

So schnell passiert es und ich schiebe ihnen den schwarzen Peter zu. Solche Trigger sitzen wie ein heimlicher Untermieter in meinem Gehirn und blinken in solchen Situation symbolisch rot in Leuchtschrift auf „Error" – Alarmstufe rot.

Das Gute ist: Erkennt man erst einmal, dass bestimmte Situationen triggern, kann man damit arbeiten und sich Deeskalationspläne zurechtlegen. Theoretisch könntest du ganze Muster erkennen und darauffolgend vorbeugende Maßnahmen ergreifen, damit es gar nicht mehr oder zumindest zu viel weniger Situationen kommt, bei denen du die Nerven verlierst.

DU BIST DRAN!

Du kannst das Verhalten deiner Kinder nicht kontrollieren, aber du kannst lernen, dein Verhalten zu kontrollieren und damit Entspannung zu schaffen. Kommt in dir ein schlechtes Gefühl auf, frage dich immer nach dem Warum. Warum bin ich genervt? Warum schreie ich überhaupt? Warum ärgert mich das gerade so?

Wie erkennt man seine Trigger und wie findet man die Ursache?

Einen Trigger ausfindig zu machen ist recht simpel. Du merkst es daran, wenn du sehr heftige Gefühlsregungen auf Situationen zeigst. Eine Freundin von mir wird wütend und gibt zu, dass sie herumschreit, wenn ihr die Unordnung zu groß scheint. Es triggert sie. Interessanter wird es, wie der Trigger überhaupt in uns hineingekommen ist und warum eben genau diese Situation uns so aus der Bahn wirft. Diese Frage zu beantworten ist weitaus schwieriger und teilweise nicht möglich. Viele Erfahrungen haben wir in der Kindheit gemacht, wir tragen sie in uns im Unterbewusstsein und dann brechen sie aus uns heraus. Wir können uns häufig keinen Reim darauf machen und erkennen erst bei genauem Hinsehen, dass dort Gefühle aus uns herausbrechen, die übersteigert sind. Unsere Kinder haben die Gabe, diese Gefühle, die tief in uns geschlummert haben, hervorzuholen. Es ist jedoch unsere Verantwortung, uns damit auseinanderzusetzen und sie zu beherrschen.

DU BIST DRAN!

Im hinteren Teil des Buches findest du eine Liste. Beobachte über eine Woche hinweg deine Gefühlswelt und notiere besonders die Momente, die dich wütend machen, an denen du aus der Haut fährst und deiner Meinung nach die Beherrschung verlierst. Überlege dir, warum du in solchen Situationen so sauer bist und welches Bedürfnis du in diesem Moment verspürst. Es ist recht wahrscheinlich, dass sich daraufhin Muster erkennen lassen.

Die schlechten Gefühle in den Griff bekommen

Es ist nicht so einfach, diese impulsiven Gefühlsregungen zu kontrollieren, dazu gehört auch etwas Übung. Wie ich oben schon angeschnitten habe, versuche ich es mit Vorbeugung. Ich habe gemerkt, dass es mir hilft, wenn ich es gar nicht so weit kommen lasse, dass Wut oder Stress in mir hochkochen.

Maßnahmen, die ich ergreife, wenn sich bei mir ein Triggermoment anschleicht

- Tief Luft holen und auf das Atmen konzentrieren
- Versuchen, die schlechten Gefühle drüberrollen zu lassen, aber dabei nicht aus der Haut zu fahren
- Die Situation verlassen
- Offen über die Gefühle reden: „Ich merke gerade, dass ich sauer werde. Ich muss kurz Pause machen, okay?"
- Entspannungsbeschäftigung (mir hilft zum Beispiel zeichnen)
- Ins Bett gehen (hilft am besten, geht aber nicht immer, beispielsweise wenn die Kinder noch wach sind und der Partner die Aufsicht nicht gewährleisten kann. Zudem kann man sich nicht aussuchen, wann Trigger aufkommen)

Kinder möchten gerne helfen, aber wir sind gut darin, es zu verhindern

Wir Eltern sind in mancherlei Hinsicht so undurchsichtig, dass man nahezu schmunzeln könnte, wenn es nicht im Grunde erschreckend wäre. Einerseits trauen wir unseren Kindern viel zu wenig zu und haben Angst, dass sie sich beispielsweise beim Schneiden mit einem Messer verletzen könnten, und andererseits kaufen wir ihnen direkt eigene Haustiere, um dann enttäuscht festzustellen, dass sie sich doch nicht kümmern. Vom einen Extrem hüpfen wir ins andere und fragen uns dann ernsthaft, warum unsere Kinder so sind, wie sie eben sind.

In einigen Familien wird mit Drohungen gearbeitet, und unter „Wenn-dann-sonst-Ansagen" werden Aufgaben zugewiesen. Diese Lösung mag funktionieren, aber bringt für mich persönlich nicht das, was ich gerne sehen würde. Für mich ist es um vieles schöner, wenn meine Kinder von sich aus helfen möchten – nicht weil sie es müssen, sondern um des Helfens willen.

Wie kann es gehen?

Weißt du, wie es sich anfühlt, wenn du in eine saubere Küche kommst, ein Rezeptbuch bereitliegt und alle Zutaten schon aufgereiht auf der Arbeitsfläche nur darauf warten, von dir verwendet zu werden? Sicher würdest du sofort motiviert sein und die Lust verspüren, tätig zu werden. Wenn dann noch jemand neben dir steht, von dem du weißt, dass er dir vertraut, dich machen lässt und für dich da ist, falls du Fragen hast, ist es perfekt. Genau das ist das

Geheimnis: eine einladende Umgebung zu schaffen und auch für die nötige Stimmung zu sorgen.

Dort, wo es nach Spaß aussieht, werden die Kinder Interesse zeigen und motiviert bei der Sache sein. Eine weitere Komponente ist für mich das Vertrauen. Spüren unsere Kinder, dass wir ihre Hilfe als wertvoll und gleichwürdig empfinden, fühlen sie sich gebraucht, und dies gibt ihnen wiederum wundervollen Aufschwung, um aktiv zu helfen. Ein weiterer Bestandteil ist für mich vor allem Beobachtung – zu erkennen, was mein Kind gerade gerne tut, was es möchte und welche Fähigkeit es vertiefen will.

Ich kann mich noch gut an eine Situation erinnern, als mein Sohn eine gefühlte halbe Stunde lang die Herdplatte polierte. Sie war allem Anschein nach sauber, doch er wischte und wischte so lange, bis er diese Aufgabe nach seinem Ermessen abgeschlossen hatte. Wie oft schreiten wir vorzeitig ein, rupfen eventuell den Lappen aus der Hand und sagen Dinge, wie „Ach komm, lass das. Wenn Mama es macht, geht es schneller". Damit sorgen wir für das Gegenteil von Motivation.

MEINE TIPPS: ALL DAS KANNST DU TUN, DAMIT DEIN KIND GERNE HILFT

- Einladende Umgebung und Stimmung schaffen
- Vertrauen in die Fertigkeiten und Fähigkeiten deines Kindes haben
- Beobachten, Interessen erkennen
- Geduld aufbringen
- Alter und Entwicklungsstand berücksichtigen

Erfahrungen machen dürfen

Stell dir vor, dein Kind kommt voller Eifer und Vorfreude in die Küche und möchte etwas schneiden. Du selbst lebst diese Tätigkeit tagtäglich vor, aber deinem Kind wird das Helfen verwehrt. Natürlich ist dein Ansinnen positiv. Du möchtest dein Kind vor Gefahren schützen. Das ist sehr löblich, aber du könntest auch von deinem Sicherheitsbedürfnis ein klein wenig abweichen. Dein Kind mit einem Messer selbst hantieren zu lassen, bedeutet doch nicht gleich, es mit dem Messer allein in der Küche zurückzulassen und nach einer entsprechenden Wartezeit zu schauen, ob es sich vielleicht ernsthaft verletzt hat. Du bist da, du bist dabei, du bietest Unterstützung und kannst im Falle des Falles direkt eingreifen. Kein Mensch stirbt daran, wenn er sich einmal ein wenig schneidet.

Dein Ziel sollte es deshalb sein, den Umgang mit Messern, Scheren und anderen gefährlichen Gegenständen achtsam vorzuleben und deinem Kind das Arbeiten damit zu zeigen und/oder zu erklären. Siehe dich als Begleiter, aber nicht als Maßregler. Im Handel sind mittlerweile Messer, Schäler und Scheren für Kinderhände erhältlich, mit denen selbst Dreijährige schon gut arbeiten können.

Ich habe eine gute Freundin, die überhaupt nicht gerne kocht. Auf die Frage, warum sie Kochen nicht einmal ansatzweise mag, antwortete sie mir: „Weißt du, früher durfte ich immer nicht helfen, weil es gefährlich war, und wenn ich es doch einmal durfte, dann war es nicht gut genug. Man nahm mir daraufhin die Arbeitsmittel aus der Hand und meinte, es sei besser, wenn ich einfach wieder spielen ginge. Ich verlor daraufhin irgendwann die Lust daran zu helfen." Diese Situation beschreibt sehr gut, wie wir es unbewusst schaffen, Kindern die Lust und Motivation am Helfen zu nehmen. Das Kind wird sich beim nächsten Mal zweimal überlegen, ob es Hilfe anbietet, wenn zum Beispiel ein Satz wie: *„Wir sind erst fertig, wenn wir fertig sind und nicht, wenn du meinst, fertig zu sein!"* geflogen kommt. Besser wäre Motivation à la: „Versuch das doch mal!" Oder: „Würde es dir helfen, wenn ich ...?" Es ist schön, wenn Kinder lernen, eine Sache zu beenden, bevor sie sich der nächsten widmen. In der Praxis ist es aber nicht immer so einfach. Es sollte deshalb an dir sein, deinem Kind die Aufgaben so zu portionieren, dass die Dauer an das jeweilige Alter angepasst ist. Von einem Kind zu erwarten, dass es stundenlang mit uns ein Gericht zubereitet, wäre etwas unrealistisch.

Unbedachte Sätze fallen im Alltag in vielen Bereichen auf die unterschiedlichste Art und Weise. Hier noch ein paar andere Beispiele: *„Du darfst das nicht naschen. Wir essen dann alle gemeinsam."* Ein Satz, der uns viel zu gern über die Lippen rutscht und doch jeglicher Logik entbehrt. Selbst der beste Koch der Welt probiert von seinem Essen. Kinder möchten die Welt mit allen Sinnen erfahren, und die Tatsache, dass es das eigene Gericht probieren möchte, ist nicht verwerflich.

„Aber ordentlich ist das nicht, was du gemacht hast. Dann hätte ich es auch selber machen können." Wahrlich ist unser Ordnungsverständnis und das unserer Kinder nicht immer das gleiche. Man stelle sich aber einmal vor, du hättest dir für ein Projekt Mühe gegeben und dann kommt die Person vorbei, die dich mit dem Projekt beauftragt hat und sagt mit einem einzigen Satz, dass deine Arbeit und investierte Zeit im Prinzip wertlos sei und man es am besten direkt selbst gemacht hätte. Niederschmetternd, oder? Viel besser wäre es, wenn wir höflich darauf hinweisen: *„Schau mal, hast du das gesehen?"* oder einfach selbst den Besen schwingen. Je älter die Kids werden, umso mehr Genauigkeit können wir uns von ihnen wünschen. Von einem Dreijährigen zu erwarten, dass er die Treppe ordentlich kehrt, wäre jedoch überzogen und überstiege seine Fähigkeiten.

Weitere Aussagen, die eher suboptimal sind: *„Ich kann gar nicht hinschauen", „Am Ende muss ich es doch eh allein machen", „Du bist mir überhaupt keine Hilfe", „Ich sehe schon, das wird doch nix"*. Die Reihe ist tatsächlich unendlich fortsetzbar. Überlege dir bei deinen Aussagen genau, ob du diese selbst gerne hören würdest. Wenn nicht, behalte sie lieber für dich, hole tief Luft und gehe deiner Aufgabe weiter nach.

Kinderfreundliche Bereiche

Die Küche ist in den meisten Familien der Dreh- und Angelpunkt in Sachen helfen, arbeiten und aufräumen. Hier passiert am Tag so vieles und unsere Kinder haben die Möglichkeit, Unmengen zu lernen und sich auszuprobieren, wenn die Bedingungen dafür geschaffen wurden. Genau hieran scheitert es jedoch in vielen Familien: Das gesamte Kinderzimmer ist auf die Bedürfnisse und Fähigkeiten der Kleinen ausgelegt, aber in der Küche steht häufig nicht einmal ein Hocker.

Stell dir vor, du möchtest, dass dein Kind nach dem Essen seinen Teller eigenständig wegräumt, aber es gelangt nicht an die Arbeitsfläche. Die Frustration ist groß und der Wille zu kooperieren schwindet. Bevor wir also aktive Mithilfe von unseren Kindern einfordern, sollten wir die Umgebung auf den Prüfstand stellen.

Laufe durch die Räume und begib dich auf Kinderhöhe. Du wirst verwundert sein, wie sich die Wahrnehmung verändert. Prüfe, ob
- du alle Flächen problemlos erreichst.
- du Zugang zu allen nötigen Arbeitsmitteln hast.
- du dich frei bewegen kannst.
- eventuell Gefahrenzonen bestehen.

Um wirklich aktiv helfen zu können, müssen wir es den Kindern ermöglichen, Arbeitsflächen und Schränke zu erreichen. Für mich sind deshalb Hocker unverzichtbar geworden. Wir haben auf jeder Etage mehrere kleine Hocker stehen, die meinen Kindern ermöglichen, selbstständig zu sein.

Ebenso haben wir in der Küche ein Stück unserer Arbeitsplatte auf Kinderhöhe abgesenkt. Diese kleine Finesse ermöglicht uns, die Kinder voll und ganz einzubinden und ihnen kleine Tätigkeiten zu übertragen.

Gleichwürdigkeit und Gleichberechtigung

Willst du eine Familie, in der alle Mitglieder *gleichwürdig* oder eher *gleichberechtigt* sind? Diese Antwort muss jede Familie für sich finden. Ich darf aber verraten, was hier passieren würde, wenn alle Menschen gleichberechtigt wären. Kinder hätten dann genau die gleichen Rechte und Pflichten wie wir Erwachsenen. Wir selbst hätten dann auch die gleichen Rechte und Pflichten wie zum Beispiel unser Vorgesetzter oder der Bürgermeister. Das ist nicht möglich. Das beißt sich mit den Verantwortungsbereichen.

Bleiben wir aber beim Kind: Ich möchte nicht, dass mein Kind beispielsweise Cola trinkt. Ich möchte nicht, dass es tief in der Nacht im Garten herumtanzt. Ich möchte auch nicht, dass mein Kind den ganzen Tag vor dem Fernseher sitzt. All das dürfte es aber, wenn es gleichberechtigt wäre. Ein weiterer Fakt sind Pflichten, denen es mit großer Wahrscheinlichkeit nicht nachkommen könnte. Gleichberechtigung würde Kinder überfordern und zeitgleich würden wir uns unserer Verantwortung entziehen. Es gilt also einen anderen Weg zu finden, der die Würde des Kindes und die Integrität als solches wahrt.

Das Kind ist von Wert

Wie wir es auch drehen, es ist nicht möglich, ein Kind zu begleiten ohne ihm einen gewissen Rahmen zu geben. Ich rede hier nicht von Strafen oder Manipulation, sondern vom Abnehmen von Entscheidungen zugunsten des Kindes und damit dessen Zukunft. Je nach Alter und Entwicklungsstand variiert natürlich dieser Spielraum. Trotzdem kann ich mit absoluter Sicherheit sagen, dass ich es nicht gut finden würde, wenn mein Kind beispielsweise die FSK-Grenze bei Filmen übergeht, nur um sich gleichberechtigt zu fühlen. Weitere Beispiele sind Tabakkonsum, Umgang mit finanziellen Mitteln und die Anschaffung materieller Güter. In allen Bereichen steht das Wohl des Kindes im Vordergrund.

Das Zauberwort liegt in der Gleichwürdigkeit und damit darin, dem Kind zu zeigen, dass es von Wert ist und wir seine Integrität wahren. Die Führungsrolle bleibt dabei den Eltern erhalten. Den Begriff von Gleichwürdigkeit prägte vor allem Jesper Juul.

Diese Art, auf sein Kind zu blicken, bedeutet jedoch nicht, dass damit der Verhandlungsspielraum gänzlich ausgehebelt wird oder unlogische Verbote, Strafen oder Konsequenzen Einzug halten dürfen. Es gilt vielmehr dem Kind ein Rückhalt zu sein und mit Verantwortung eine Haltung als Vorbild einzunehmen.

Pupskackafurz und andere Schimpfwörter

Habe ich noch nicht erwähnt, dass das Lieblingswort unseres Mittleren „Pupskackafurz" ist? Dann hole ich das hier nach. Ich glaube, ich wäre früher zur Furie geworden, wenn er auf öffentlicher Straße mit solchen Ausdrücken um sich geschmissen hätte. Heute bin ich da wesentlich relaxter.

In der Tat scheint es so, als hätten Schimpfwörter auf Kinder eine magische Anziehungskraft. Ob Schule oder Kita, die Worte werden wie ein Schwamm aufgesaugt und bei jeder Gelegenheit umgehend wieder ausgespuckt. Der Clou dabei ist: Je mehr wir darauf anspringen, desto interessanter wird es erst. Und wer alles darauf anspringt: Die Oma verzieht entsetzt das Gesicht, die Mama verdreht genervt die Augen und der Bruder lacht sich halb kaputt. *„Yeah, dann kann man sich ja noch viel mehr solcher Wörter ausdenken, wenn alle so ein Aufhebens darum machen."* Die Aufmerksamkeit liegt dann auf jeden Fall vollends beim fäkalwortaussprechenden Kind (Was für ein Wort!).

Verbieten bringt nichts, höchstens ignorieren

Die Sache zu verbieten, würde es wohl noch wesentlich interessanter machen. Dann merkt das Kind ja erst, dass es etwas ganz Besonderes sein muss, solche Wörter zu sagen.

Die einzige wirkliche Maßnahme ist, es nicht zum Thema zu machen. Je mehr wir den Fokus darauf lenken, desto interessanter wird es. In dem Moment müssen wir einfach mal ganz stark sein und gelinde gesagt (wo wir gerade bei Fäkalsprache sind) darauf kacken, was andere Leute von uns und unseren Kindern halten. Ich bin mir nahezu sicher, dass früher auch schon „böse Worte" von Kindern gesagt wurden, und die Tatsache, dass sie damals teilweise gewaltsam unterbunden wurden, hat nicht dazu geführt, dass die elterlichen Generationen die Worte nun nicht verwenden oder gar nicht erst kennen.

MEIN TIPP: NICHT MIT IGNORANZ STRAFEN, SONDERN GEKONNT ÜBERHÖREN

Hier geht es nicht darum, dein Kind mit Ignoranz zu strafen, sondern diese Worte gekonnt zu „überhören" und ihnen somit keinerlei Bedeutung beizumessen. Mach kein Aufsehen darum, wenn dein Kind Worte benutzt, die deiner Meinung nach unsittlich sind. Du kannst ihm natürlich sagen, dass du es nicht schön findest und begründen, warum es dich stört, aber durch ein ständiges „In-den-Fokus-Rücken" bewirkt man zumeist Gegenteiliges.

Dein Kind hat Spaß an einem neuen Wort, und der Spaß ist umso größer, je ausgefallener die Reaktionen auf dieses Wort sind. Gerade bei negativ behafteten Worten bekommt es diese Aufmerksamkeit.

Entspannter durch den Familienalltag – Probleme und Lösungen

Nicht wir oder die Kinder müssen sich unserem Alltag anpassen, sondern der Alltag muss an unsere Bedürfnisse als Familie angepasst werden. Du willst entspannter werden? Dann lass uns einen Blick in deinen Tag werfen!

Im ersten Teil meines Buches haben wir viele theoretische Aspekte betrachtet. Doch bei all der Theorie stresst uns meist die Praxis. Das nächste Kapitel soll sich deshalb ganz typischen Situationen widmen, die uns tagtäglich immer wieder begegnen. Obwohl sie uns so bekannt sind, führen sie zu Konflikten, nerven uns, bringen uns an unsere Grenzen. Wir werden wütend, fahren aus der Haut und haben das Gefühl von Überforderung oder Ohnmacht. In den allermeisten Fällen – da bin ich mir sicher – handelt es sich um Kommunikations- oder Organisationsfehler.

Viele der geschilderten Situationen stammen aus meinen Alltag, dem persönlichen Umfeld oder aus Leserzuschriften.

Der Start in den Tag und die Vorbereitungen hierfür

„Ich habe nicht die Zeit, mit den Kindern morgens rumzutrödeln"

„Morgens eskaliert es bei uns ständig. Die Kinder machen nicht richtig mit, trödeln, beginnen Unsinn zu treiben und ich gerate regelmäßig in Zeitnot. Ich kann es mir nicht leisten, zu spät bei meiner Arbeit zu erscheinen."

Mutter von Söhnen (4 und 6)

Wie heißt es so schön? Vorsorge ist besser als Nachsorge. Gerade in Hinblick auf unser morgendliches Programm kann man viele Vorbereitungen im Voraus treffen und potenzielle Zeitfallen direkt aus dem Weg räumen.

Das Problem mit dem Arbeitsbeginn

Ich weiß nicht, wie es bei dir ist, aber in vielen Familien müssen beide Elternteile morgens zur Arbeit, und die Kinder besuchen in der Regel Kindertageseinrichtungen oder eine Schule. Die Zeit ist häufig knapp bemessen. Die Kinder noch eher aufzuwecken, kommt jedoch in den meisten Fällen nicht infrage, da sie ohnehin schon sehr zeitig aufstehen. Viele Arbeitgeber wünschen einen verhältnismäßig frühen Arbeitsbeginn, sodass Ausschlafen und ein entspannter Start in den Tag gar nicht zur Debatte stehen. Deshalb wundert es mich nicht, dass es morgens so häufig drunter und drüber geht.

Wären alle Familienmitglieder ausgeschlafen und könnten selbstbestimmt entscheiden, wann der Tag startet und hätten dann auch noch keinerlei Zeitdruck, wäre das gesamte morgendliche Prozedere wesentlich harmonischer. Sollte es bei dir möglich sein, gebe ich dir den Tipp, deine Kinder ausschlafen zu lassen.

Da es bei mir nicht der Fall ist, habe ich einen Anti-Stress-am-Morgen-Schlachtplan zusammengebaut, den ich seit gut einem Jahr praktiziere. Diese Routine entspannt und sorgt dafür, dass der rote Faden bei noch so großer Schläfrigkeit erhalten bleibt.

Warum der Chef nicht auch einfach später kommen kann

Es liegt in unserer Verantwortung, den Morgen entspannt zu gestalten. Kinder kennen keinen Dienstbeginn, sie haben ein vollkommen anderes Zeitverständnis, und sie sind daher auch gar nicht in der Lage, die Wichtigkeit zu erkennen. Dies zeigte mir die Aussage der fünfjährigen Tochter einer Freundin, die ganz freudig vorschlug, ob denn nicht der Chef dann einfach auch mal zu spät kommen könne, wenn der Papa mal zu spät sei. Natürlich ist der Gedanke nicht praxistauglich, aber im Grunde ist es ein toller Rat. Du merkst? Es ist ein Problem, das wir Erwachsenen uns selbst schaffen und das deshalb nicht zulasten der Kinder gehen sollte.

Vorbereitungen am Vortag

Es hilft dir ungemein, so viel wie möglich am Vortag vorzubereiten, um am Morgen möglichst wenige Pflichtaufgaben erledigen zu müssen. So stelle ich das Frühstück der Kinder für Schule und

Kita direkt am Abend zuvor zusammen. Der Ranzen und die Kita-tasche werden von den Kindern mit der Hilfe meines Mannes ebenfalls einen Tag im Voraus vorbereitet. Die Jacken haben einen festen Platz. Auch die Schuhe stehen parat. Der Tisch wird für den nächsten Morgen schon am Abend zuvor eingedeckt. Die Kaffeemaschine wird so befüllt, dass nur noch der Schalter betätigt werden muss, und im Badezimmer hat mein Mann ein Thermostat an den Heizkörper montiert, das via Zeitschaltuhr die Wärme regelt. Im Winter wird man deshalb hier nie mehr ins kalte Badezimmer tapsen. Mittlerweile lässt sich so vieles programmieren. Ich könnte sogar bestimmen, wann der Backofen anspringen soll, um mir frische Brötchen aufzubacken.

Kinderkleiderboxen

Die Kleidung, die meine Kinder am Morgen anziehen werden, bereite ich ebenso vor. Hierzu benutze ich eine Plastikbox und kennzeichne sie mit Namen. Ich suche dann selbst oder mit den Kindern gemeinsam ihre Sachen heraus. In die Box wird das komplette Outfit für den nächsten Tag gelegt und im Badezimmerregal verstaut. Am Morgen darauf umgehen wir auf diese Weise Diskussionen über die Kleidung und beschäftigen uns auch nicht mit dem Zusammensuchen einzelner Kleidungsstücke. In die leere Box wird übrigens direkt der Schlafanzug gelegt und an den festen Platz zurückgestellt. Diese Maßnahme ermöglicht nicht nur den Kindern Selbstständigkeit, sondern den Eltern direkt ein wenig Entlastung.

DU BIST DRAN!

Richte für jedes Kind eine Kleidungskiste ein. Damit schlägst du mehrere Fliegen mit einer Klappe:

Du ermöglichst deinen Kindern mehr Selbstständigkeit durch eigenständiges Anziehen.

Du sparst Zeit, weil alle Kleidungsstücke sortiert bereitliegen.

Du sorgst direkt für mehr Ordnung, weil sich alles an einem festen Platz befindet.

Realistische Zeiteinschätzung zur Stressvermeidung

Plane realistisch, wie lange du am Morgen für Verrichtungen benötigst und wie viel Zeit das Badprogramm in Anspruch nimmt (pro Familienmitglied). Unser größtes Problem lag darin, dass wir sehr wenig Zeit am Morgen hatten und dieser Zeitmangel in Stress umschlug, der sich wiederum auf den Kindern ablud. Plane großzügig und versuche dementsprechend aufzustehen. Sollte keine Zeitverschiebung möglich sein, kannst du darüber nachdenken, welche Posten aus dem Morgenprogramm eventuell gestrichen werden können. Ist es zum Beispiel notwendig, morgens zu duschen? Muss die Zeitung morgens unbedingt gelesen werden?

MEIN TIPP: VORBEREITUNG FÜR WENIGER STRESS

Bereite so viel im Voraus vor wie nur möglich. Schiebe alles aus deinem Morgenprogramm, was nicht unbedingt darin Platz finden muss.

Sich selbst vorbereiten

Bei der wenigen Zeit, die du morgens hast, wäre es deutlich entspannter, wenn du dich selbst für den Tag fertigmachst, während die Kinder noch schlafen oder schon außer Haus sind. Dadurch hast du effektiv mehr Zeit gewonnen und kannst für die Kinder viel besser da sein. Vermeide Zeitfresser wie Haarewaschen am Morgen. Verschiebe diese Verrichtungen auf eine andere Tageszeit.

Der Umgang mit Morgenmuffeln

„Egal, was ich morgens mache, alles ist falsch"

„Morgens brauche ich mein Kind gar nicht erst ansprechen. Es ist von Grund auf schlecht gelaunt. Alles ist falsch. Egal, was ich möchte, es will nicht und hat keine Lust mitzumachen. Das schafft mich und am Ende streiten wir uns."

Mutter mit Sohn (5)

Ich darf mit Freude verkünden, dass ich in einem Fünfpersonenhaushalt mit zwei Frühaufstehern, zwei Morgenmuffeln und einem Langschläfer lebe. Die perfekte Mischung? Jein! Da kann es schon schwierig sein, alle Bedürfnisse und Vorstellungen zu vereinen. Der Morgen ist mit Zündstoff geladen. Wenn der Kopf dann noch nicht so ganz da ist und man sich selbst am liebsten zurück ins Bett begeben würde, ist man leicht genervt. Das Gefühl, morgens aus dem Bett kriechen zu müssen, ist nicht unbedingt herzerwärmend. Warum sollte es bei den Kindern anders sein?

Morgenmuffeln Zeit und Raum geben

Morgenmuffel können nichts für ihre schlechte Laune am Morgen. Es ist keine böse Absicht, dass sie genervt reagieren oder sogar persönlich werden. Es hilft dir, wenn du die Muffel einfach ein wenig ankommen lässt. Verhalte dich passiv. Plane auf keinen Fall essenziell wichtige Gespräche am Morgen. Nimm Rücksicht und schäume mit deiner guten Laune nicht komplett über. Mitunter hilft es sogar, die Morgenmuffel das Wort ergreifen zu lassen. Konzentriere dich auf deine Routine und sorge somit für eine einladende Stimmung. Für sehr empfindliche Gemüter ist es empfehlenswert, auf aufregendes musikalisches Radioprogramm zu verzichten.

Sanftes Wecken

In der Regel stehen wir vor unseren Kindern auf und gehen als Erstes ins Bad oder in die Küche. Es hilft, die Kinder schon vor ihrem eigentlichen Weckruf sanft darauf vorzubereiten, dass die Nacht gleich vorbei sein wird. Du kannst dein Kind streicheln, die Jalousien ein wenig lichten oder es leise ansprechen und ankündigen, dass gleich der Wecker klingeln wird. Hier gilt : Weniger ist mehr.

Einladende Stimmung

Das Aufstehen kann wesentlich angenehmer sein, wenn der allmorgendliche Prozess einladend gestaltet ist. Dazu trägt nicht nur die Umgebung bei, sondern auch die Stimmung im Allgemeinen. Sorge dafür, dass das Badezimmer eine angenehme Raumtemperatur vorweist, decke – sofern es die Zeit zulässt – den Tisch mit einem kleinen Snack oder koche dem Kind einen Kakao. Meine Kinder lieben es ungemein, wenn ich ihre Kleidung für den Tag über die Heizung hänge und sie so mollig warm ist.

Findet euren eigenen Rhythmus

Manche Kinder lieben es, wenn sie im Schlafanzug frühstücken dürfen. Andere Kinder schauen sich gerne vor der Kita noch ein Buch an. Wieder andere mögen es, im Badezimmer Radio zu hören. Experimentiere und finde eure perfekte Morgenmischung. Damit sorgst du für gute Laune.

Eigene Laune aufs Kind übertragen

Die wohl beste Erkenntnis meinerseits war es, zu bemerken, wie ich im Prinzip für den morgendlichen Stress selbst gesorgt habe. Mit einem „Komm schon, zieh dich jetzt schnell an!" oder einem genervten: „Musst du nur immer so trödeln? Los, beeil dich!" habe ich das Gegenteil von dem bewirkt, was ich erreichen wollte. Ich weiß, dass die Zeit am Morgen bei vielen Familien knapp bemessen ist und auch nicht jeder in den Genuss von Gleitzeit oder anderen familienfreundlichen Arbeitgeberangeboten kommt, aber wir können zumindest dafür sorgen, unseren eigenen inneren Stress nicht auf unsere Kinder zu übertragen. Geduld führt uns definitiv schneller ans Ziel als genervtes Geschimpfe – das sollten wir uns immer wieder vor Augen halten. Darüber hinaus ist es doch an für sich ein wundervolles Signal, dass unsere Kinder am liebsten den ganzen Tag bei uns bleiben würden.

Rituale

Ich kann nur empfehlen, gerade bei kleineren Kindern den Ablauf ähnlich zu gestalten. Manche meiner Bekannten spielen morgens immer die gleiche Playlist im Badezimmer ab oder kuscheln noch zehn Minuten mit ihren Kindern und stehen dann auf. Andere gehen in der immer gleichen Reihenfolge ins Bad.

Tolle Wecker

Man glaubt es kaum, aber so ein eigener Wecker, der vielleicht noch richtig coole Töne ausspuckt, kann wahre Wunder bewirken. Die Kinder springen auf, hauen drauf, freuen sich und merken gar nicht, dass sie gerade dabei aufgestanden sind. Auch wenn das Zeitverständnis noch nicht gänzlich entwickelt ist, kann ein Wecker eine schöne Ergänzung sein, solange er im Sinne des Kindes ist und nicht als Druckmittel eingesetzt wird.

MEIN TIPP: SICHTWECHSEL

Versetze dich in die Lage deines Kindes. Es hat mitunter noch kein Zeitgefühl, und es kann sich überhaupt nicht vorstellen, warum es so wichtig ist, dass Mama pünktlich zur Arbeit erscheint. Es sieht die Welt wesentlich unkomplizierter. Es sieht seine Bedürfnisse nach Nähe, Gemeinsamkeit und Spielen am Morgen und möchte diese gerne verwirklichen. Wir sollten dem Kind das Gefühl geben, dass wir diese Bedürfnisse erkennen und verstehen.

Das entspannte Badezimmerprogramm

Kaum ein anderer Raum im Zusammenleben mit unseren Kindern schafft so viel Konfliktpotenzial wie das Badezimmer. Egal, ob umziehen, Zähne putzen oder sich waschen. Hier droht die Lage regelmäßig zu kippen. Auch ich muss gestehen, dass ich mich gerade im Badezimmer sehr häufig dabei erwische, wie ich innerlich anfange zu brennen und kurz davor bin, die Nerven zu verlieren. Das Badezimmerprogramm ist für mich die perfekte Trainingsarena in Sachen entspannt bleiben und Konflikte friedlich auflösen. Sieh auch du es sportlich und nimm dir diese Situation vor, um dich selbst in Geduld zu üben.

Meist sieht es wie folgt aus: *„Aber ich will mich nicht waschen, aber ich will mich nicht anziehen, aber ich will keine Zähne putzen"*. Das andere Kind schaut gerne aus dem Fenster und wirkt gefesselt davon. Es vergisst dann auch schnell, dass es den Pullover zwar über den Kopf gezogen, die Hände aber noch nicht in die Ärmel gesteckt hat. Mir selbst fällt es ganz schwer, Körperhygiene so zu erklären, ohne dass mir dieses verhasste *„weil man das so macht"* rausrutscht. Weil man das so macht, ist für mich realistisch betrachtet nämlich keine wirklich logische Argumentation. Alternativ bleibt mir, mit der Angst zu spielen: „Deine Zähne werden schlecht und schimmeln." Aber auch das ist irgendwie fies. Der Clou ist: Wir wissen natürlich, was passieren kann, wenn man die Zähne nicht pflegt, aber die Kinder kennen die Tragweite gar nicht, und es ist ihnen wahrscheinlich auch relativ egal, was anderen angeblich widerfahren ist. Sie können mit diesen Erzählungen weder ein Gefühl verknüpfen noch eine eigene Erfahrung.

Ich bin mir sicher, dass die Kinder auch im Badezimmer nicht mit Vorsatz negativ handeln, sondern einfach viele Sachen zusammenkommen. Hier trifft sich oft die ganze Familie, um in den Tag zu starten oder um sich für die Nacht fertig zu machen. Beides bringt gute, aber auch negative Aspekte mit sich. Aus Kindersicht dürften aber eindeutig die Nachteile überwiegen.

Morgens

- Raus aus dem warmen Bett in die Kälte
- Plötzlich bewegen statt kuscheln
- Zu einer Zeit geweckt werden, die weit entfernt von ausgeschlafen liegt oder davon, wann man eigentlich aufstehen würde
- Müde muss man sich umziehen und der Körperhygiene nachgehen.
- Vielleicht auch die bevorstehende Trennung von den Eltern und der restlichen Familie durch Kita oder Schule

Abends

- Ein toller Tag endet.
- Es wird gleich stiller.
- Es wird dunkel.
- Müde muss man sich umziehen und der Körperhygiene nachgehen.
- Es interessiert, was ältere Geschwister oder Eltern abends so treiben.

Wenn man es so sieht, ist es nicht verwunderlich, dass das Badezimmer mit Zähneputzen, Haarekämmen und Waschen vielleicht nicht gerade zu den beliebtesten Orten von Kindern gehört. Trotzdem muss es ja irgendwie gemacht werden. Wie man den Teil vor dem Betreten des Badezimmers einladend gestalten kann, habe ich im Kapitel zuvor beschrieben. Jetzt soll es darum gehen, wie du auch die Prozedur im Bad an sich kinderfreundlicher und vor allem stressfreier über die Runden bringst.

Im Netz wird das Thema häufig diskutiert. Einige Mütter sind der Meinung, dass es unabdingbar sei, dass die Kinder immer zur gleichen Zeit im Badezimmer sind und sich die Zähne putzen. Andere Mütter finden es okay, wenn man die Zeit etwas nach hinten verschiebt und wieder andere meinen, dass es auch einmal okay sei, wenn das Kind gar nicht die Zähne putzt.

Ich möchte an dieser Stelle ungern beurteilen, welche der Varianten die perfekte Lösung ist. Es sollte einfach zur Familie passen. Allerdings sollte das Anliegen sein, dass wir den Kindern das gesamte Prozedere so angenehm wie möglich und vor allem gewaltfrei gestalten. Gewalt ist für mich zum Beispiel erreicht, sobald Eltern die Zahnbürste des Kindes gegen seinen Willen in dessen Mund führen. Bist du dir in einigen Situationen unsicher, kann ich dir nahelegen, dir vor Augen zu führen, ob du das mit dir machen lassen würdest. Ich denke, bei meinem Beispiel mit der Zahnbürste sind wir uns alle einig: Nein.

Die Frage ist: Was kann dabei helfen, im Bad ohne Stress und Schimpfen voranzukommen?

Spiele

Kinder spielen für ihr Leben gern. Du kannst dir das zunutze machen, indem du beispielsweise beim Anziehen eine Straße aus Kleidungsstückchen baust, die das Kind mit einem Spielzeugauto abfahren darf.

Eine weitere Idee: einen Los-Stopp-Tanz aufführen. Das funktioniert bei vielen Kindern prima. Solange die Musik läuft, werden die Zähne geputzt und sobald die Musik ausgeht (durch Mama bedient), muss das Kind versteinert stehen bleiben. Es ist ein sehr lustiges Spiel und bereitet auch den Zuschauern Freude.

Auch Wettläufe wären eine Idee. Wobei ich aus der Erfahrung heraus sagen muss, dass es vor allem bei Geschwistern schnell zu Konkurrenz führen kann und sich dann eher nachteilig auswirkt. Wettkämpfe gegen Eltern klappen bei uns deutlich besser.

Sanduhr und Eieruhr

Diese zwei so unscheinbaren „Zeitmaschinen" haben bei uns inzwischen eine elementare Bedeutung. Aufgrund des mangelnden Zeitgefühls ist es schwer, dem Kind klarzumachen, dass es noch drei weitere Minuten Zähne putzen soll. Die Sanduhr und die Eieruhr veranschaulichen das Voranschreiten der Zeit perfekt. Auch beim Umziehen wird so deutlich, dass die Zeit vergeht.

Wir nutzen den Effekt auch gerne für ein Spiel und veranstalten einen Wettlauf gegen die Zeit. Die Uhr ist sozusagen unser Kontrahent. Ich verzichte allerdings darauf, die Sanduhr oder Eieruhr als Druckmittel einzusetzen. Das würde den ganzen Spaß an der Sache nehmen und die positive Verbindung kappen. Ich weiß, dass wir abends oft schrecklich müde und geschafft vom Tag sind und eigentlich am liebsten die Kids so schnell wie möglich ins Bett befördern würden. Auch morgens ist unser Tagesstart häufig von Stress geprägt. Trotzdem darfst du diese Tatsache nicht zum Problem deines Kindes werden lassen.

Entscheiden lassen, aber nicht überfordern

Mir ist aufgefallen, dass meine Kinder sehr gerne selbst Entscheidungen treffen. Ich kann förmlich beobachten, wie ihre Motivation wächst, sobald ich ihnen die Wahl lasse und sie selbst bestimmen dürfen. Allerdings muss ich dazu sagen, dass ich diese auf „entweder – oder" beschränke. Mit zu viel Auswahl kommen sie noch nicht so gut klar. Gerade bei Themen wie Kleidung, Zahnpasta, Handtücher, CD beim Waschprogramm oder Seife hilft es, wenn ich sie wählen lasse mit einem ganz einfachen: „Magst du A oder B?" Bei voller Wahlmöglichkeit kommt es hingegen oft zu Überforderung und zu einer Unentschlossenheit, die sich sehr in die Länge ziehen kann.

Manchmal wollen sie es nicht allein können

Mein Sohn hat sich vor ein paar Wochen noch prima allein angezogen und plötzlich kann er es nicht mehr. Vielleicht kommt dir diese Situation bekannt vor? Ich habe früher vermutet, dass er mich damit irgendwie necken will oder zu faul ist. Irgendwann fiel mir auf, dass er es genießt, wenn ich ihm morgens helfe und beim Anziehen unterstütze. Er fragt auch sehr oft, ob ich ihm die Zähne nachputzen könne. Ich könnte nun natürlich sagen: Ich bin doch nicht der Angestellte meines Kindes und überhaupt ist er kein Baby mehr und dann eine Riesendiskussion inklusive einer Menge Missverständnisse lostreten. Oder ich sage ein kurzes „Natürlich kann ich helfen" und streife ihm die Hose über. Beides sind denkbare Möglichkeiten, aber nur eine der genannten ist sinnvoll und vor allem zielführend.

Nacheinander ins Bad gehen

Meine Kinder genießen es, wenn sie die volle Aufmerksamkeit bekommen. Welches Kind tut das nicht? Zudem klappt es viel, viel besser, wenn sich nur ein Kind mit einem Erwachsenen im Badezimmer aufhält. Daher haben wir es zur Regel werden lassen, dass die Geschwister nacheinander ihr Badezimmerprogramm durchführen. Das jeweils andere Geschwisterteil darf dafür noch ein paar Minuten unter der warmen Bettdecke kuscheln. Solltest du mehrere Kinder haben, versuche dies zu etablieren. Damit es keinen Ärger aufgrund der Reihenfolge gibt, bietet es sich an, täglich zu wechseln.

Ratgeber sein, aber nicht Maßgeber sein

Was ich gerade immer wieder übe, ist Ratgeber zu sein, aber nicht Maßgeber zu werden. Es gibt Tage, da möchte das Kind keine dicke Jacke anziehen oder um jeden Preis den – unserer Meinung nach – viel zu dünnen Pullover anziehen. In dem Fall zahlt sich vornehme Zurückhaltung aus. Du kannst deinem Kind natürlich deinen Rat und deine Sichtweise mitteilen, aber es ist okay, wenn es seine Erfahrung macht. Dafür habe ich zwei logische Erklärungen: Du weißt zum einen gar nicht, wann dein Kind friert und welches Wärme- und Kälteempfinden es hat. Zum anderen ist es doch gut und okay, wenn es nach einiger Zeit doch feststellt, dass der Pulli etwas zu dünn gewählt war. Im besten Fall packst du deine Alternative einfach mit ein und verlässt dich darauf, dass dein Kind merken wird, ob ihm zu kalt oder zu warm ist. Meine Jungs ziehen beispielsweise unheimlich gerne ihre Strümpfe im Haus aus und laufen barfuß. Ich selbst bekomme gerade in der kalten Jahreszeit bei diesem Anblick schon Gänsehaut. Es scheint ihnen jedoch nichts auszumachen.

Vom unausweichlichen „Zähneputzenmüssen"

Gerade das Thema Zähneputzen wird immer und immer wieder als Hauptstreitpunkt in Familien betrachtet. Oftmals scheint es so, als sehen Mütter nur noch zwei Dinge: Zahnbürste und die Folgen, wenn diese nicht zum Einsatz kommt.

Blickwinkel ausrichten

Wir neigen dazu, bei Problemen mit dem Zähneputzen die Ursache genau dort zu suchen. Mag es die Zahnbürste nicht? Findet es das Putzen wirklich so furchtbar? Will es gelbe Zähne haben? Schmeckt die Zahnpasta nicht? Hat man schon alles versucht? Was wäre aber, wenn das Zähneputzen gar nicht der eigentliche Auslöser und Konflikt ist, sondern nur der Bereich, in dem das Kind seinen Unmut äußert? Ich bin mir mittlerweile sicher, dass Kinder genau spüren, dass uns dieser Part besonders wichtig ist, und genau da passiert es, dass sie anfangen, um Autonomie zu kämpfen.

Das beißt sich natürlich. Auf der einen Seite stehen wir Mütter, die Zähneputzen als nicht verschiebbare Pflicht ansehen und auf der anderen Seite die Kinder, die genau jetzt zeigen möchten, dass sie auch mitsprechen möchten. Bemerkenswerterweise berichten Familien, die den Kindern im Alltag das Gefühl von Integrität vermitteln und ihnen einen angemessenen Entscheidungsspielraum überlassen, dass es in Sachen Zähneputzen keine Probleme gibt. Es liegt somit der Schluss nahe, dass sich sozusagen bei der Zahnputzproblematik löst, was sich am gesamten Tag angestaut hat.

Ich möchte dir deshalb raten, unbedingt deinen ganzen Tag in den Blick zu nehmen, wenn dein Kind beim Zähneputzen rebelliert. Was hast du alles über das Kind hinweg entschieden? Das klingt zunächst vielleicht etwas plump, aber in der Tat legen wir so vieles fest, angefangen dabei, was das Kind essen wird, über die Kleiderauswahl, über den Tagesablauf bis hin zu den Freunden, mit dem das Kind spielen wird.

Vom „Müssen" abweichen, weil sich der Kampf nicht lohnt

Mitunter hilft es schon, deinem Kind etwas mehr freie Hand in einem anderen Bereich zu lassen und somit den Druck rauszunehmen. Eine weitere Möglichkeit wäre es, einfach einmal zu testen, wie dein Kind reagiert, wenn du sagst: „Okay, dann musst du heute keine Zähne putzen." Der Gedanke fühlt sich für dich bestimmt erst einmal falsch an, aber genau genommen gehst du in die Situation mit der Botschaft: „Ich kämpfe hier nicht darum, ich nehme den Druck jetzt raus." Hinzu kommt, dass unsere Kinder nicht einmal immer verstehen, warum sie etwas müssen. Die Tragweite ist für sie nicht fassbar.

Ich möchte hier nichts schönreden. Natürlich ist Zähneputzen wichtig, aber zugleich ist die Gefahr, dass dein Kind bei einmaligem Verzicht darauf zu Schaden kommt, relativ gering. Welche andere Wahl hättest du auch? Ein Kind, das sich nur unter Gewaltanwendung den Mund öffnen lässt? Diese Option sollte niemals zur Debatte stehen.

Was passiert in den meisten Fällen, wenn wir einmalig dem Kind die Entscheidung überlassen? Entgegen der Annahme wird es kein Tyrann – nein, es wird aufhören, darum zu kämpfen, weil es das nicht mehr muss.

Dauerhaftes Verweigern

Sollte die Verweigerung über lange Zeit anhalten, gilt es zuvor medizinische Ursachen abzuklären und im weiteren Verlauf (auch unter ärztlicher Betreuung) abzuwägen, welches Risiko man tragen möchte: psychologische Schädigung oder gesundheitliche Schädigung. Ich möchte jedoch nochmals betonen, dass ein Putzen mit gewaltsamen Mundöffnen, Am-Arm-Zerren oder gar Schlägen niemals eine Option sein darf.

Oftmals hilft es, durch Kompromisse eine Lösung zu finden, wie das zeitliche Verschieben des Putzens, oder durch spielerische Ausgestaltung zum Ziel zu kommen. Auch der Trick „Welche Zahnpasta möchtest du wählen?" trägt oft Früchte, weil das Kind das Gefühl bekommt, entscheiden zu können.

Das Kind putzt ja, aber es weint dabei

Solange das Weinen eine einfache Äußerung des Unmutes ist und das Kind damit zeigen will, dass es eigentlich so gar keine Lust auf Zähneputzen hat, sehe ich keine Gefahr. Es ist okay, dass das Kind sich ärgert oder traurig ist und diese Gefühle zum Ausdruck bringt. Wir sollten einfach da sein und es unterstützen.

Medienkonsum

So viele Freiheiten wir unseren Kindern auch lassen, so gibt es doch Bereiche, in denen unsere Verantwortung und Wissen als Erwachsener zum Schutze des Kindes eingesetzt werden sollten. Solch eine

Begrenzung ist für mich in Sachen Medienkonsum erreicht. Ein Kleinkind ist nicht in der Lage, zu erkennen und realistisch einzuschätzen, welches Maß an Filmen, Tablet, elektronischen Spielen und Handynutzung seinem Alter und der Entwicklung angemessen ist. Ein Kleinkind kann auch nicht beurteilen, welche Serien oder Filme empfehlenswert sind. Hier müssen wir Eltern helfen und trotzdem die Möglichkeit lassen, Selbstregulierung und einen verantwortlichen Umgang zu erlernen.

Ich vertrete die Meinung, dass der Umfang des Medienkonsums zur Familie passen muss. Natürlich gibt es Richtlinien und Orientierungswerte. Doch es sollte sich vor allem danach richten, wie viel TV und Co. vorgelebt wird. Was ich damit sagen möchte: Wenn wir Eltern den Fernseher die meiste Zeit des Tages passiv laufen lassen oder das Handy permanent bedienen, so können wir Kindern den Zugang unmöglich verwehren. Die Verantwortung liegt klar bei uns. Heißt das im Umkehrschluss, dass Zeitvorgaben und die Art, wie Fernsehen, Smartphone, Tablet und Co. genutzt werden, anhand der Eltern bemessen werden? Ja und Nein.

Welche Verantwortung wir in Bezug auf Medienkonsum tragen

- Es liegt in unserer Verantwortung, welche Serien und Filme wir den Kindern zugänglich machen. Darf das Kind frei wählen? Sieht es vielleicht unbewusst durch uns ungeeignete Sendungen?
- Es liegt in unserer Verantwortung, wie viel Medienkonsum wir unseren Kindern zugänglich machen. Läuft der Fernseher permanent? Haben wir das Smartphone zu viel in der Hand?
- Es liegt in unserer Verantwortung, welchen Stellenwert Medien im Alltag der Kinder bekommen. Sind wir durch das Smartphone abgelenkt und hören nicht richtig zu? Muss das Kind oft warten, weil wir noch etwas schauen wollen?

Ich bin weder für ein absolutes Verbot noch für das Extrem in die andere Richtung, weil ich den unbegrenzten Zugang wie oben erwähnt im Widerspruch mit der kindlichen Entwicklung sehe. Sollte ich aber feststellen, dass mein Kind nur begrenztes Interesse an Medien zeigt und sich nach kurzer Zeit wieder abwenden kann, sehe ich keinen Grund, regulierend einzugreifen.

Wann ist Regulation durch Eltern sinnvoll?

Regulation ist dann sinnvoll, wenn das Kind sich selbst von den Medien schwer oder nicht ohne Hilfe lösen kann. Ich nenne diesen Umstand gerne „versacken". Unterstützung ist dann geboten, wenn das Fernsehen den Alltag bestimmt, einen großen Stellenwert einnimmt und viele andere Aktivitäten hintanstehen. Darüber hinaus ist es auch sinnvoll einzugreifen, wenn das Kind sich für Sendungen und Angebote entscheidet, die für diese Altersgruppe nicht bestimmt sind und verstörend wirken könnten.

Medienkonsum über Kompromisse lösen
- Dein Kind darf bestimmen, wann es fernsieht, aber du bestimmst, wie lange und ihr trefft vorab eine genaue Vereinbarung (zum Beispiel nur eine Folge).
- Einigen Familien hilft es, feste Fernsehzeiten einzuführen (etwa immer eine Folge nach der Schule/Kita).
- TV-Taler oder Gutscheine
- Begrenzung auf bestimmte Wochentage. An diesem Tag dürfen die Kinder dann so viel konsumieren, wie sie möchten. Die restlichen Tage schauen sie dafür nicht.

Der Einsatz von TV-Talern

Diese Variante hatte sich bei uns bewährt, um den Fernsehkonsum unseres Sohnes zu regulieren, aber die Selbstbestimmung dennoch zu gewähren. Zudem war es ihm über die Taler möglich, sich selbst besser zu reflektieren.

Pro Woche erhalten die Kinder eine gewisse Anzahl von TV-Talern. Das können selbst gebastelte Chips sein oder Münzen, Karten, Figuren. Jeder dieser Taler steht für eine Folge. Die Kinder dürfen nun frei entscheiden, wann diese Taler eingelöst werden und wie viele. Diese Variante hat bei uns wunderbar funktioniert, und die Kinder begriffen in kürzester Zeit, dass es sich lohnt, seine Taler einzuteilen. Du kannst als Familie selbst überlegen, ob du ein Ansparen erlaubst und die Kinder die Taler für die nächste Woche sammeln dürfen, oder ob sonntags genullt wird.

Der Einsatz von TV-Talern ist sinnvoll, sobald dein Kind in der Lage ist, die Logik dahinter zu erkennen. Toll ist es natürlich, wenn diese Idee gemeinschaftlich beschlossen und umgesetzt wird und die Kinder sie sozusagen selbst mitkreiert haben.

Selbstständiges Verwalten und Vertrauen fördern

Mir ist es wichtig, dass die Kinder vor allem lernen, selbstständig Verantwortung für Medien zu übernehmen. Ich greife wie oben beschrieben regulierend ein, aber mir ist es wichtig, dass sie beispielsweise selbst ausschalten. Bringen wir den Kindern unser Vertrauen entgegen, wird dieses in der Regel nicht enttäuscht. Versuche deshalb, wenn möglich,

- dein Kind eigenständig an- und ausschalten zu lassen.
- deinem Kind eine Vorauswahl von Filmen bereitzustellen, aus denen es selbst auswählen kann.
- bei anspruchsvolleren Filmen mit Tiefgang dein Kind zu begleiten, indem ihr gemeinsam schaut.
- dein Kind nicht vor dem Fernseher zu parken.

MEIN TIPP: VORANKÜNDIGUNG UND VERBINDLICHE VEREINBARUNGEN

Erinnere dein Kind vor dem Ausschalten, dass die Serie bald zu Ende ist und bereite es damit sanft auf den „Abbruch" vor.

Wenn dein Kind die Vereinbarung überzieht („Ich will aber weiter gucken") entscheide dich, ob du sozusagen eine Nachspielzeit gewährst oder ein „Nein" ausprichst. Sollte dein Kind mit Wut und Traurigkeit reagieren, begleite es dabei und vermeide es, nachzutreten (etwa „Siehst du, das haben wir davon. Gibt man den kleinen Finger, nimmst du direkt die ganze Hand"). Es ist okay, wenn dein Kind traurig ist. Es hat jedes Recht dazu, dies zu zeigen.

Mobile Spielekonsole, Smartphone und Tablet nur im Auto

Eine Bekannte hat die Thematik Tablet und mobile Spielekonsole ganz wundervoll gelöst. Es gibt hierzu eine einzige Regel: Die Medien dürfen nur auf Autofahrten genutzt werden und bleiben im Auto liegen. Diese kleine Regel hat den Effekt, dass die Kinder eine natürliche, einschätzbare Grenze erhalten. Da gibt es keine Uhrzeit, sondern ein stehenbleibendes Fahrzeug, dessen Motor ausgeht. Ein deutliches Signal, das selbst Kinder aus fernen Welten „herausholen" sollte. Die Tatsache, dass die Geräte im Auto bleiben mussten (außer zum Aufladen), erstickte jede mögliche Diskussion darüber im Keim.

Natürlich ist es besonders bei Urlaubsreisen dann der Fall, dass die Kinder etwas länger spielen. Meine Bekannte meinte dazu lächelnd: „Je weiter das Ziel, umso ausgelassener die Stimmung." Auch diese Variante könnte eine Lösung und damit Entspannung in Sachen Medienkonsum bieten.

Kinder allein zu Hause lassen

Weißt du, worüber man sich früher viel weniger Gedanken machte? Ein Schulkind allein zu Hause zu lassen. Für mich war es bereits mit Schuleintritt normal, dass ich nachmittags zunächst allein zu Hause war und dort die Zeit zubrachte, bis meine Eltern von der Arbeit heimkehrten.

Ich war auch mit fünf Jahren schon mit Freunden im Dorf spielen. Heute ist das vollkommen anders. Man macht sich Gedanken darüber, wann es vertretbar ist, den Sechsjährigen nur 15 Minuten allein zu lassen und hat Angst, dass etwas passieren könnte. Die Angst ist sicher auch berechtigt. Man liest viele schreckliche Nachrichten. Da ist es nur logisch, dass gerade in Zeiten des Internets und der vielen Informationen, die auf uns Eltern einprasseln, Verunsicherung herrscht. Dennoch ist es in meinen Augen falsch, den Kindern genau deshalb nichts mehr zuzutrauen oder gar nicht erst zu vertrauen.

Wenn du siehst, wie vernünftig dein Kind agiert und erkennst, dass das, was du sagst, von ihm verstanden wird, darfst du deinem Kind etwas zutrauen. Es ist gut und richtig, dann einen Knopf mehr in dem eng geknüpften Band zum Kind zu lösen und ihm zuzutrauen, dass es für kurze Zeit allein bleiben kann. Die Abstände kannst du darauffolgend fortlaufend verlängern.

Tipps zum Alleinbleiben

- Vorab mit dem Kind das Abschließen der Türen üben, sodass es sich selbst von innen einschließen kann. Das Kind erhält einen eigenen Schlüssel, damit es in Notfällen die Wohnung verlassen kann.
- Telefon bereitlegen und ein Notrufheft für Nichtleser (falls das Kind noch nicht so gut lesen kann), alternativ Schnellwahltasten einrichten, oder per Wahlwiederholung die eigene Rufnummer hinterlegen
- Genau absprechen, wann man wiederkommen wird und die Zeit veranschaulichen. Hier kann eine Eieruhr oder ein Wecker hilfreich sein.
- Wenn etwas dazwischenkommen sollte, muss das Kind unbedingt telefonisch kontaktiert werden. Deshalb sollte es sich auf jeden Fall trauen, an das heimische Telefon zu gehen, und es sollte wissen, wie es funktioniert.
- Dem Kind genau erklären, in welchen Fällen die Tür geöffnet werden darf und vor allem, für wen sie geöffnet werden darf
- Telefon, Uhr (oder Eieruhr), Notrufheft und Schlüssel sollten an einem festen Platz hinterlegt werden.

Notrufheft für Nichtleser

Ein Telefonbuch kennt so ziemlich jeder. Es gibt jedoch auch die Möglichkeit, Kindern, die noch nicht lesen können, ein Telefonbuch zu basteln, das sie verstehen. Dabei sollte das Kind jedoch in der Lage sein, Zahlen zu erkennen und diese ins Telefon einzugeben. Durch Fotos weiß das Kind genau, wem welche Nummer gehört und kann im Falle der Fälle den richtigen Kontakt wählen.

DU BIST DRAN!

Auf den letzten Seiten des Buches findest du deine Vorlage für das persönliche Notfallheft deines Kindes. Es bietet auch für Nichtleser in Notsituationen auf einen Blick wichtige Informationen. Durch das Aufbringen eines Fotos weiß es sofort, welcher Kontakt anzuwählen ist. Wichtig ist, dass du deinem Kind zeigst, welche Tastenkombinationen zu tätigen sind, um einen Anruf auszulösen.

Wann ist der richtige Zeitpunkt gekommen?

Ich bin mir sicher, dass es wie bei vielen Entscheidungen im Leben ist: Den perfekten Zeitpunkt gibt es nicht. Es lässt sich auch kein Maßstab festlegen oder gar eine Regel erstellen. Du solltest es deshalb als persönliche Bauchgefühlentscheidung sehen. Sobald dein Kind den Wunsch äußert, einmal allein bleiben zu dürfen, ist es an der Zeit, sich ernsthaft damit auseinanderzusetzen. Ich kann dir den Rat geben, auf dein Gefühl zu vertrauen und eventuelle Ängste hintanzustellen. Sprich mit deinem Kind verantwortungsvoll und offen darüber, welche Absprachen dir wichtig sind. Genauso solltest du es aber auch akzeptieren, wenn dein Kind nicht allein bleiben möchte.

Kinderzimmer aufräumen – Das Chaos kennt keine Gnade

Vielleicht kennst du selbst das Gefühl, wenn du nach einem anstrengenden Tag einen Blick in das Zimmer deines Kindes wirfst und vor lauter herumliegenden Spielsachen kaum erkennen kannst, wo sich der Boden befindet. Solche Momente führen bei uns Eltern nicht nur zu Stress, sondern auch zu Unverständnis darüber, warum das Kind überhaupt keine Absichten zu haben scheint, Ordnung zu halten. Man möchte gar nicht darüber nachdenken, für wie viel Frust, Ärger und Streit das Thema „Kinderzimmer aufräumen" in Familien sorgt.

Ich selbst kann mich noch sehr gut an eine Situation erinnern, als ich im Zimmer meiner Jungs das erste Mal in meinem Leben in Bausteine getreten bin. Ich war so sauer und fassungslos, dass ich einen Müllsack zückte und anfing, alles wild hineinzustopfen, was mir in den Weg kam. Es gab Tränen, es gab Gebrüll und verzweifelte Versuche, den Müllsack zu retten. Insgesamt sammelten sich fünf volle Müllsäcke an der Wand. Es war faktisch aufgeräumt, und doch machte mich dieser Umstand alles andere als glücklich. Aber warum? Ich schämte mich, weil ich die Kontrolle über die Situation verloren hatte und wusste, dass ich aus dieser „Müllsackaktion" nicht gut wieder herauskommen würde. Wirklich wegwerfen wollte ich den Inhalt der Beutel natürlich nicht, schon formte sich gedanklich ein mahnender Zeigefinger über meine Stirn und deutete auf den Satz: „Du bist eine inkonsequente Mutter." Das Thema unordentliches Kinderzimmer brachte mir noch einige schlaflose Nächte, aber es lohnte sich, denn heute habe ich Lösungen gefunden, die uns alle viel entspannter leben lassen.

Kinder sehen (Un)ordnung einfach anders

Was ich damals nicht verstand, war die Tatsache, dass Kinder die Welt vollkommen anders sehen als wir Eltern. Bei einem kleinen Selbsttest kannst du das prima überprüfen. Begib dich einmal auf die Höhe deines Kindes und sieh dich um. Dir wird auffallen, wie fremd sich diese Sichtweise für uns anfühlt und wie sich die Größenwahrnehmung verschiebt. Der andere Grund ist, platt gesagt, dass im Kopf der Kinder eine Menge los ist. Sie haben eine kindliche Neugier, Fantasie und Kreativität. Zusammen ergibt das im wahrsten Sinne für uns Eltern eine chaotische Mischung. Ich habe oft beobachtet, wie logisch Kinder doch handeln. Es wird ein bestimmtes Auto gesucht und nicht gefunden? Dann wird die Kiste eben ins Zimmer gekippt. Ist das Auto unter der Menge, spielt der Racker vergnügt und vertieft sich wieder in seine Sache. Das Auskippen der Kiste war also nur Mittel zum Zweck und hatte keinerlei Bedeutung. Aber wie findet man nun eine friedliche Lösung für alle Familienmitglieder?

Atmosphäre ist alles

Wie räumst du gerne auf? Wie macht Aufräumen so richtig Spaß? Wenn ich Bekannte das frage, dann wird auffallend oft „mit Musik" geantwortet. Indem wir eine einladende Atmosphäre schaffen, geht vieles leichter von der Hand. Versuche deshalb, Aufräumen zu einer schönen Sache zu machen, einer Gemeinsamkeit. Sorge für Musik und gute Stimmung und versuche es ohne negative Aufforderungen. Lade zum Helfen ein und formuliere vor allem bei kleinen Kindern eindeutige Sätze, zum Beispiel: „Bringst du bitte die Autos in die dafür vorgesehene Autokiste?" So bleibt nicht viel Interpretationsspielraum. Mir hat es zudem sehr geholfen, nicht vorab schon davon auszugehen, dass es gleich wieder eskalieren wird. Glaube an dich und dein Kind und begib dich in die „Höhle des Grauens" wie ein tapferer Ritter. Durch diese kleine Änderung startest du selbst mit einem ganz anderen Gefühl in die Situation.

Wann und wie oft ist Aufräumzeit?

Diese Frage beschäftigte mich sehr lange. Wie oft sollte man das Kinderzimmer aufräumen? Macht man es jeden Abend, so sammelt sich gar nicht erst viel an. Macht man es einmal in der Woche, empfindet man es vielleicht als geringere Belastung. Die Wahrheit ist, dass es hierfür kein Richtig und Falsch gibt. Es muss zu deiner Familie passen. Wir haben die Lösung gefunden, jeden Sonntag das Kinderzimmer aufzuräumen. Unter der Woche sieht es dementsprechend chaotisch aus. Auch die richtige Aufräumzeit ist eine individuelle Entscheidung. Ich sehe davon ab, nach einem anstrengenden Tag das Zimmer mit den Kindern in Angriff zu nehmen. Für uns hat sich der Vormittag als idealer Zeitpunkt erwiesen. Hier sind alle Familienmitglieder noch motiviert bei der Sache. Solltest du die Möglichkeit haben, dann wirf einen Blick in deinen Kalender und suche dir großzügige Lücken heraus, um vorbeugend Terminstress zu vermeiden.

Das Aufräumspiel

Wie ich schon eingehend im Buch erwähnt habe, spielt die Eieruhr bei uns eine große Rolle im Alltag. Sie gibt den Kindern die Möglichkeit, Zeit „anfassbar" zu machen. Das kannst du dir bei meinem Aufräumspiel zunutze machen. Hierfür benötigst du

- eine Eieruhr,
- Musik
- und einen Schiedsrichter.

Bei dem Spiel geht es nicht darum, gegeneinander zu spielen. Es soll auch nicht darum gehen, die Zeit als Druckmittel einzusetzen und nach Ablauf negative Konsequenzen walten zu lassen. Es soll dabei vielmehr um ein Teamspiel gehen. Du könntest beispielsweise sagen: „Ob wir es wohl schaffen, die Puppen in die Kiste zu legen, bis die Uhr klingelt?" Bei den meisten Kindern wird der Kampfgeist geweckt und mit vollem Eifer geholfen. Die Tatsache, dass sie gerade aufräumen, wird dabei gänzlich ausgeblendet.

MEIN TIPP: ZEIT REALISTISCH BEMESSEN

Achte darauf, die Zeit realistisch zu bemessen, um die Motivation aufrechtzuerhalten. Der Schiedsrichter übernimmt die Abschlusskontrolle, ob das Ziel wirklich erreicht wurde. Negative Folgen, wie zum Beispiel Fernsehverbot, solltest du meiner Meinung nach vermeiden. Viel besser finde ich eine Revanche, falls es in der vorgegebenen Zeit nicht geschafft wurde oder immer noch Gegenstände herumliegen.

Mach dir die Bereitschaft zunutze

Hast du dein Kind jemals gefragt, was es gerne aufräumen würde? Ich habe das lange Zeit nicht getan und war umso erstaunter, als mein Großer mir vorwarf, dass ich ihn ja nie fragen würde, was er gerne machen möchte. Seitdem frage ich ihn bewusst jeden Sonntag, was er übernehmen möchte, und auch wenn es manchmal nicht viel ist, so hat er doch selbstständig seinen Teil zum Aufräumen beigetragen.

MEIN TIPP: ALTER BERÜCKSICHTIGEN

Bei diesem Tipp bitte ich dich, das Alter deines Kindes zu berücksichtigen. Kleinkinder sind oftmals noch nicht in der Lage, Wünsche klar zu äußern. Hier kannst du nachhelfen, indem du Fragen stellst, wie „Willst du die Plüschtiere auf dein Bett legen?". Je jünger die Kinder sind, desto einfacher sollte der Aufräumprozess gehalten sein.

Wenn gar nichts hilft – Denk an deine Nerven und räum selbst auf!

Hand aufs Herz: Den Wunsch nach Ordnung – auch im Kinderzimmer – verspürst *du*. Das bedeutet jedoch nicht, dass auch dein Kind sich nach Ordnung sehnt. Womöglich hat es sogar eine ganz andere Vorstellung davon, was „ordentlich aufgeräumt" bedeutet. Die Tatsache ist, dass unser Ordnungsgefühl auf das unserer Kinder prallt, und gerade im Kleinkind- und Grundschulalter liegen da wahrlich Welten dazwischen. Warum verschwendest du ständig deine Kraft darauf, darum zu bitten, dass nun endlich das Spielzeug aufgeräumt wird? Warum quälst du dich mit Auseinandersetzungen, die am Ende doch nur dazu führen, dass du selbst für Ordnung sorgst? Warum all der Streit und die Auseinandersetzung, wenn die Lösung so naheliegt? Räume selbst auf! Dieser Tipp mag zunächst irritieren. Wie soll ein Kind aufräumen lernen, wenn es nicht gezwungen wird? Genau darin liegt für mich der Hase im Pfeffer: Zwang.

Sollte es nicht unser Ziel sein, dass Kinder das Aufräumen aus freien Stücken erlernen, um später ordentliche Menschen zu sein? Hinzu kommt, dass du durch diese kleine Änderung Zeit sparst, Frust und Streit vermeidest und ganz nebenbei dein Bedürfnis nach Sauberkeit stillst. Die Angst, dass Kinder das Aufräumen gar nicht erlernen können, ist dabei völlig unbegründet. Kinder ahmen nach. Sie imitieren das Verhalten und die Lebensart ihrer Vorbilder. Es ist unwahrscheinlich, dass du in 30 Jahren zum Putzen bei deinem Kind eingeladen wirst, nur weil du ungefähr zehn Jahre im Leben deines Schützlings für Ordnung im Kinderzimmer gesorgt hast.

Unterwegs mit Kindern

Unterwegs mit Kindern sind wir in einer besonderen Situation. Wir werden beobachtet. Nein, falsch – wir fühlen uns beobachtet und der Öffentlichkeit ausgesetzt. Ich benehme mich in solchen Momenten anders als in meiner vertrauten Umgebung. Mir ging bis vor einiger Zeit immer dieser eine Satz im Kopf herum: „Was könnten denn die Leute denken?" Schließlich möchte man ein gutes Bild abgeben und sich oder seine Kinder nicht durch unangepasstes Verhalten direkt ins Abseits stellen. Wenn ich ganz ehrlich bin, dann ist es für mich ein Wechselspiel und eine Gratwanderung zwischen Angepasstheit, Unsicherheit und dem Wunsch, integriert zu sein, aber trotzdem die Autonomie zu wahren. Der Nachteil dieser Gratwanderung und des damit verbundenen beschwerenden Gefühls ist, dass unsere Kinder möglichst funktionieren sollen, um bloß nicht negativ aufzufallen. Diesen Stress übertragen wir nahezu unbemerkt eins zu eins auf die Kinder. Es passiert genau das, was wir vermeiden wollen – und nun? Wir haben solch eine Angst davor, was die Leute jetzt denken könnten, dass wir versuchen, unangenehme Situationen zu unterdrücken und schnell aus dem Weg zu schaffen. Das bedeutet nichts anderes, als dass wir unsere eigene Sorge und unsere Gefühle zum Problem der Kinder machen.

Es hilft dir, dich mehr drauf zu fokussieren, was dein Kind von dir braucht und weniger Wert darauf zu legen, welche Meinung sich die Gesellschaft bilden könnte. Gewiss finde ich es wichtig, in der Öffentlichkeit Rücksicht zu nehmen und eine gewisse Angepasstheit an den Tag zu legen, doch auch hier heißt es vor allem eines: vorleben. Im Folgenden möchte ich auf alltägliche Situationen außerhalb unserer eigenen vier Wände genauer eingehen.

Einkaufen

> *„Er wirft sich auf den Boden und bockt.*
> *Das ist peinlich für mich."*
>
> *„Mein Sohn möchte beim Einkaufen ständig etwas haben. Wir vereinbaren schon vorab immer, dass es nur eine Sache gibt und doch führt es immer wieder zu Theater. Er ist wütend und wirft sich dann auf den Boden. Manchmal schreit er auch. Ich setze ihn dann aus Verzweiflung ins Auto und sperre zu und beende schnell den Einkauf. Es ist mir peinlich."*

Vater von Sohn (4)

Die Situation ist schwierig, keine Frage. Hier geht es um eine Sache, die Kinder in dem Alter nicht verstehen können: materiellen Wert. Sie haben keine Vorstellung davon, wie viel etwas kostet. Genauso wenig können sie ins Verhältnis setzen, wie lange man für einen bestimmten Betrag arbeiten müsste.

Die Lösung, dem Willen des Kindes zu entsprechen und einfach alles zu kaufen, wonach ihm der Sinn steht, kommt nicht infrage. Trotzdem finde ich die Variante, das Kind allein im Auto einzuschließen, absolut unangebracht und entwürdigend. Für mich zeigt es dem Kind, dass Wut nicht erlaubt ist und seine Gefühle unterdrückt werden müssen, weil die Eltern mit der Situation überfordert sind. Hier geben wir zu leicht die Verantwortung an unser Kind ab und lassen es – einfach gesagt – unsere persönlichen Befindlichkeiten ausbaden, indem wir ihm die Freiheit nehmen, sich frei zu bewegen.

MEIN TIPP: AUSSENSTEHENDE EINFACH WEGDENKEN

In schwierigen Situationen in der Öffentlichkeit hilft es ungemein, wenn du alle Personen um dich herum ausblendest. Überlege dir, wie deine „menschenleere Lösung" aussehen würde und vergleiche deine unterschiedlichen Empfindungen.

Als ich die Mutter fragte, wie sie reagiert hätte, wenn der Laden menschenleer gewesen wäre, kam überraschenderweise wie selbstverständlich die Antwort: Ich hätte ihm in Ruhe versucht zu erklären, dass wir eine Abmachung hatten und ich nicht gewillt bin, noch eine Sache zu kaufen, und dann hätte ich ihn wahrscheinlich getröstet.

Essen gehen mit Kindern

> **„Wir haben ewig auf das Essen gewartet und die Kinder zerfleischten sich derweil förmlich"**
>
> *„Vor Kurzem waren wir mit den Kindern im Restaurant und es war furchtbar. Das Essen kam nach einer gefühlten Ewigkeit und die Kinder hatten überhaupt keine Geduld. So ging es über Tische und Bänke. Sie waren zappelig, stritten, zogen sich an den Haaren und waren einfach viel zu laut. Am liebsten wäre ich im Boden versunken. Ich habe schon gesagt, dass ich mir dieses Theater sicher nicht noch einmal antun werden."*

Mutter von Zwillingen (4)

Wie die vorhergehende Schilderung zeigt, spielt auch hier der Peinlichkeitsfaktor wieder eine große Rolle. Uns ist etwas unangenehm und schon wird es zum Problem der Kinder. Man stelle sich vor, uns würde man in eine Räumlichkeit mitnehmen mit vielen fremden Menschen, es sieht nicht sehr einladend für unsere Ansprüche aus und nun sollen wir warten, bis das Essen kommt. Es wird uns keine Ablenkung oder Beschäftigung geboten. Was würden wir wohl tun? Wir würden uns langweilen oder womöglich einfach gehen. Genauso geht es auch den Kindern. Wenn man kein Zeitgefühl hat und eine Uhr noch nicht lesen kann und dann vielleicht noch Hunger verspürt, kann Warten richtig ekelhaft sein. Mitunter spielt auch Müdigkeit eine Rolle und eine gewisse Unsicherheit, weil wir weder die Umgebung noch die Geräusche und Vorgänge zuordnen können.

Essen gehen mit Kindern ist, das gestehe ich offen, etwas, das ich vermeide, sofern der Anlass und der Ort nicht eindeutig auf Kinder ausgerichtet sind. Mir liegt es fern, mit den Kindern in ein Nobel-restaurant zu gehen, wenn ich von vornherein weiß, dass dort Menschen sitzen, die ein gehobenes Ambiente erwarten und in Ruhe essen möchten. Viel lieber schaue ich bewusst nach kinderfreund-lichen Lokalitäten.

Möchtest du mit deinem Kind essen gehen, habe ich folgende Tipps für dich

- Suche Restaurants auf, die für ihre Kinderfreundlichkeit bekannt sind.
- Vermeide es, mit deinen Kindern essen zu gehen, wenn sie müde sind.
- Halte einen kleinen Snack bereit, falls die Wartezeit sehr lang ist.
- Packe Beschäftigungsmaterialien ein, die deine Kinder gerne nutzen, aber andere Gäste nicht stören. Malstifte, Zeitschriften oder ein MP3-Player sind gute Möglichkeiten.
- Reserviere vor, damit ihr auf jeden Fall einen Platz bekommt und nicht nach Alternativen suchen müsst.
- Schaue schon vorab in die Speiseliste und bespreche sie gegebe-nenfalls mit deinen Kindern.
- Vertretet euch während der Wartezeit die Beine.
- Gehe mit einem gesunden Realismus ins Abenteuer „Familien-essen auswärts": Es wird mitunter gekleckert und es wird sehr wahrscheinlich nicht still ablaufen.
- Halte dir vor Augen, dass wir Eltern dem Wunsch nachgehen, gemeinsam mit der Familie essen zu gehen. Die Kinder werden meist ungefragt dieser Situation ausgesetzt.

MEIN TIPP: FÜR BESCHÄFTIGUNG SORGEN

Die meisten Restaurants halten Kartenspiele und Stifte bereit, sodass für kurzweilige Beschäftigung gesorgt ist. Sollte auch diese Option nicht vorhanden sein, könntest du die Wartezeit mit Ratespielen oder ausgedachten Kurzgeschichten überbrücken.

Survivalausstattung

Egal, wo ich mit den Kindern hinfahre: Ich habe eine Survivalausstattung bei mir. Vielleicht ging es dir schon einmal so, dass du unverhofft mit Kindern in einen Stau geraten bist? Du wirst dich in solchen Momenten glücklich schätzen, wenn du ein Notfallkit bereithältst. Auch bei Stürzen unterwegs wirst du froh sein, wenn du direkt die Erstversorgung leisten kannst. Ich möchte dir deshalb gerne meine persönliche Inhaltsliste für die Survivalausstattung auflisten, die du in einer gut tragbaren Tasche oder einem Rucksack aufbewahren kannst. Bei Autofahrten befindet sich dieses Gepäck an einer gut erreichbaren Stelle, die man ohne Anhalten oder gar Aussteigen erreichen kann.

Das habe ich immer dabei
- Die wichtigste Wechselkleidung für alle Kinder und auch ein Wechselshirt plus Hose für die Mitfahrenden
- Frische Unterhosen für alle und für die Kleinsten Windeln
- Ein Pflasterset
- Wasser, Kekse, Knabbergebäck oder andere Snacks
- Eine Schere
- Ein Handtuch
- Taschentücher und/oder Toilettenpapier
- Etwas Kleingeld

- Regenschirm
- Taschenlampe (mit funktionierenden Batterien)
- Eine Decke
- Eine Packung Feuchttücher
- Spielzeug, Malsachen, kleine Reisespiele

Diese Grundausstattung hört sich banal an, aber glaube mir, wenn du das erste Mal mehrere Stunden im Stau stehst, wirst du dich über dieses kleine, aber feine Survivalset freuen.

Familienausflüge

Gemeinsame Erlebnisse verbinden, machen glücklich und wir zehren noch nach Wochen von den Erinnerungen. Sie können uns aber auch stressen, enttäuschen oder ermüden. Es liegt also an uns, was wir daraus machen. Das Wort „Familienausflug" sollten wir bei einer geplanten Unternehmung, die allen gefallen soll, wirklich ernst nehmen. Viel zu oft fahren wir unter dem Deckmantel „Familienausflug" zu einem „Eltern-Adventure".

Eine Leserin berichtete mir davon, wie sie früher mit ihren Eltern ständig wandern musste und es hasste. Als sie, nun selbst Mutter von zwei Söhnen, zur Radtour aufbrach und die Stimmung nach mehreren Kilometern zu kippen drohte, wurde ihr schlagartig bewusst, was hier schief lief. Die Strecke war zu lang, zu monoton und bot für ihre Sprösslinge keinerlei Attraktionen. Ihren Kindern ging es ganz genauso wie ihr damals in dem Alter.

Wir Eltern denken häufig, wir wüssten ganz genau, was unsere Kinder brauchen und sich wünschen. Wir fragen sie jedoch – realistisch betrachtet – viel zu selten, was sie gerne machen würden. Gerade was das Thema Ausflüge anbelangt, ist es recht schwer, etwas zu finden, das wirklich allen gefällt, aber es ist nicht unmöglich. Es geht auch nicht darum, ein Kinderspaßprogramm zu gestalten, aber seien wir doch mal ehrlich: Wandern ist für die meisten Kinder gelinde gesagt großer Mist und langweilig. Macht man daraus eine Entdeckertour mit verschiedenen Aufgaben, könnte die Sache einen ganz neuen Reiz bekommen.

DU BIST DRAN!

Je nach Alter deiner Kinder ist es ratsam, sich regelmäßig zusammenzusetzen und Unternehmungen gemeinsam zu planen. Veranstaltet einen Familienstammtisch und gebt jedem Mitglied die Möglichkeit, eigene Wünsche zu äußern. Legt euch als Eltern vorbeugend ein Maximalbudget fest, damit die Vorstellungen nicht zu ausladend werden.

Was bei der Planung von Ausflügen zu beachten ist
- Kosten
- Entfernung (Ist ein Tagesausflug möglich?)
- Wetterprognosen – Schlechtwetteralternativen
- Verpflegungsmöglichkeiten
- Mögliche Schließzeiten

Lange Autofahrten in Richtung Urlaub

„Mama, wann sind wir endlich da? Mamaaaaaaaaaaaaaaaa, wie lange denn noch?"

Diese Situation haben sicherlich viele Eltern schon einmal erlebt. Wieder wird uns das mangelnde Zeitverständnis zum Verhängnis.

Die Reise in den Urlaub kann nervenaufreibend sein, vor allem dann, wenn die Fahrt durch Staus oder unvorhergesehene Pannen noch länger wird, als ohnehin geplant.

Das Szenario ist perfekt. Die Familie auf engstem Raum eingeengt, keine Chance, sich aus dem Weg zu gehen, eventuell hungrig oder müde und dann noch die Tatsache, dass man sich nur eingeschränkt beschäftigen kann. Speziell in meinem Fall kommt hinzu, dass die Reiseübelkeit „zuschlägt", sobald ich nicht konzentriert aus dem Fenster starre. Trotzdem möchte ich Erlebnisse wie Urlaubsreisen oder Ausflüge zu Sehenswürdigkeiten nicht missen. Es gilt also, die gesamte Fahrt so stressfrei wie nur möglich zu gestalten und daher schon vorbeugend entsprechende Maßnahmen zu treffen. Je nach Länge der anstehenden Fahrt solltest du dich also gut rüsten.

Ideen gegen Stress bei langen Autofahrten
- Packe Beschäftigungsmaterialien für deine Kinder ein, die auf keinen Fall zu Frust führen (herunterfallen, viele Einzelteile, empfindlich gegen Erschütterungen).
- Überlege vorab, welche Sitzordnung sinnvoll ist. Es ist manchmal die beste Entscheidung, wenn ein Erwachsener hinten Platz nimmt.
- Halte Wechselsachen, Getränke, kleine Snacks und Feuchttücher bereit.
- Plane im Voraus die Zwischenstopps. Es gibt im Netz inzwischen ausreichend Informationen, welche Raststätten besonders kinderfreundlich sind.
- Es könnte gut sein, die Fahrtzeit in die Nacht hinein zu verlegen, sodass die Kids im Auto schlafen.

Generell leben wir in der Familie mit dosiertem Medienkonsum. Wir erlauben jedoch auf Reisen die Nutzung von Tablet, mobilem

DVD-Player und sicher später auch von transportablen Spielkonsolen. Diese ungeliebten Begleiter erscheinen mir in solchen Situationen sogar hilfreich. Zudem wird die Nutzungszeit effektiv auf die Dauer der jeweiligen Autofahrt begrenzt. Einzige Vereinbarung bei uns: Die Geräte bleiben im Auto. Im Kapitel zum Medienkonsum gehe ich genauer auf dieses Thema ein.

Quality Time mit Kindern

„Wir leben irgendwie aneinander vorbei"

„Am Ende des Tages hat gefühlt doch jeder nur seins gemacht. Ich habe das Gefühl, dass wir als Familie gar nicht so richtig zusammen leben, sondern uns einfach nur die Wohnung teilen. Ich ärgere mich auch manchmal selbst, dass ich immer so abwesend bin."

Mutter von zwei Söhnen (5 und 9)

Ein so wichtiger Baustein, der in unserem Alltag fest integriert werden sollte: Quality Time. Gefühlt verbringen wir jede Menge Zeit mit unseren Kindern. Okay, aber wie viel Zeit verbringen wir davon aktiv mit den Kindern, mit Haut, Haar, Gehirn, Verstand, Gefühl? Hand aufs Herz: Wie oft hast du das Handy in der Hand, während deine Kids im Haus sind? Wie oft machst du nebenbei den Haushalt? Wie oft telefonierst du, während die Kids nebenan spielen? Ja, wie oft bist du zwar da, aber eben doch nicht richtig einzig und allein für die Kids ?

Versteh mich nicht falsch – ich bin überzeugt davon, dass es nicht gut ist, wenn wir 24/7 um unsere Kinder schwirren. Ich bin begeistert davon, wenn sie selbstständig sind, und ich finde es großartig, wenn sie sich auch einmal allein beschäftigen können. Ich beobachte aber auch eine bedenkliche Entwicklung. Wir arbeiten häufig lange, holen die Kinder spät von der Kita ab, und statt uns dann voll und ganz ihnen zu widmen, stellen wir sie – überspitzt gesagt – irgendwo ab und kümmern uns um den Haushalt, schauen auf dem Smartphone nach Neuigkeiten, rufen die beste Freundin an oder schauen erst einmal eine Folge unserer Lieblingsserie. Vielleicht lesen wir auch ein Buch oder sagen so etwas wie „Mama trinkt jetzt erstmal einen ganz entspannten Kaffee". Später fällt uns mit Schrecken auf, dass wir eigentlich gar nicht richtig da waren, sondern nur so halb – irgendwo zwischen zu Hause, Arbeit, Verpflichtungen und Kindern.

Ich denke nicht, dass es ein Maß gibt, das man festsetzen kann. Ich bin aber überzeugt davon, dass es für uns und unsere Kinder wertvoll ist, wenn wir es schaffen, ihnen für eine begrenzte Zeit einfach einmal die volle Aufmerksamkeit zu schenken und eben nicht „nur irgendwie da" sind.

Spieleabend

So oldschool, dass es schon wieder cool ist. Ich erinnere mich gerne an gemeinsame Spieleabende mit meinen Großeltern oder daran, dass meine Mutter mit mir nach ihrer Arbeit gerne gepuzzelt hat. Solche Momente sind fröhlich, ausgelassen und verbinden. Es ist eine tolle Möglichkeit, um mit den Kindern aktiv Zeit zu verbringen und gemeinsam Spaß zu haben. Wenn du es besonders demokratisch magst, lässt du jedes Familienmitglied ein Spiel aussuchen.

Kreativ sein ist mehr

Als ich vor einiger Zeit diesen Slogan meiner Internetseite *Mama-hoch2* hinzufügte, erkannte ich, auf was es wirklich ankommt. Wir schrieben so viele kreative Beiträge zum Kreativwerden mit Kindern, aber das Geheimnis war, dass wir eigentlich zeigten, wie man wirklich intensiv Zeit miteinander verbringt. Ich finde gemeinsame Bastelprojekte oder auch Gartenarbeit zusammen sehr wertvoll. Die Kinder verbringen wertvolle Zeit mit uns. Es werden zusammen Probleme gelöst, und es entstehen wundervolle Ergebnisse, die noch lange als Erinnerung nachwirken.

MEIN TIPP: AUSZEITEN NEHMEN OHNE ZU HOHE ERWARTUNGEN AN SICH SELBST

Du musst nicht der Handarbeitstyp sein, du musst auch nicht werkeln können, aber allein die Tatsache, dass du dich mit deinem Kind mit ein paar Stiften, Zetteln und Kleber an einen Tisch setzt, zeigt ihm, dass du die Zeit mit ihm schätzt und mit ihm gemeinsam etwas erleben möchtest. Nehmt euch häufiger solche wertvollen Auszeiten.

Die kleinen Gesten

Unser Alltag gibt uns so viele Möglichkeiten, liebevolle Gesten zu verschenken. Seien es die Hausschuhe, die wir auf die Heizung gestellt haben oder ein kleiner Zettel in der Brotbox. Mit einem liebevoll geschnittenen Apfel können wir punkten oder auch einer Kerze, die man zum Essen entzündet. Kinder freuen sich über solche kleinen Gesten offenherzig und sie werden sich revanchieren, auf ihre Art und mit ihren Mitteln. Vielleicht nickst du jetzt, wenn ich das selbstgemalte Bild erwähne? Sich im Alltag kleine Aufmerksamkeiten zu machen heißt, aneinander zu denken, es heißt, Zuneigung auszudrücken. Dabei sollte es nicht um materielle Werte gehen, sondern vielmehr um die Dinge, die von Herzen kommen.

Wenn dir dein Kind das nächste Mal ein Bild schenkt, dann nimm es als das an, was es ist: ein Geschenk von Herzen. Es hat seine Zeit und Energie aufgewendet, um dir eine Freude zu machen, und da darfst du auch gerne zum Ausdruck bringen, dass du diese Mühe zu schätzen weißt.

Familienstammtisch

Ich liebe die Idee des Familienstammtischs. Ziel ist es, die Familie an einen Tisch zu bringen und die Woche zu besprechen. Dabei solltest du natürlich das Alter deines Kindes beachten. Mit ungefähr drei Jahren kann man einen Familienstammtisch einführen. Die Zeit sollte dem Alter des jüngsten Mitgliedes angepasst sein. Bei einem dreijährigen Kind reichen 15 Minuten aus. Ziel ist es, demokratische Absprachen zu treffen, die bis zum nächsten Stammtisch oder darüber hinaus verbindlich sind.

Fahrplan für einen Familienstammtisch

- Jeder darf zu Wort kommen und in dieser Zeit darf kein anderes Familienmitglied unterbrechen. Hierfür kann man einen „Sprechstein" in die Runde reichen. Wer ihn in der Hand hält, hat seine Redezeit.
- Die Redezeit wird gerecht aufgeteilt.
- Es darf alles angesprochen und eingebracht werden: Lob, Kritik, Wünsche, Pläne.

- Über Entscheidungen wird abgestimmt. Jedes Mitglied hat dabei eine Stimme, egal wie alt es ist.
- Die „Führung" sollten beim ersten Mal die Eltern übernehmen. Sobald der Stammtisch sich etabliert hat, wechselt auch die „Führung" demokratisch.

Hier können Verpflichtungen und Konsequenzen geklärt werden.

Warum ich den Stammtisch so wundervoll finde? Weil ihn die Kinder mitgestalten. Hier kann zum Beispiel mehrheitlich entschieden werden, dass die Kinder bestimmte Verpflichtungen im Haushalt bis zum nächsten Stammtisch übernehmen. Genauso ist es möglich, eine gemeinsame Regel für den Vertragsbruch festzulegen, die für alle Mitglieder verbindlich ist.

Diese Regel können die Kinder selbst vorschlagen. Wir Eltern missbrauchen dabei weder unsere Macht, noch geben wir von oben irgendwelche unlogischen Regeln vor. Kinder freuen sich darüber, aktiv eingebunden zu sein und gehen in der Rolle voll auf. Sie sind engagiert, kooperieren von Natur aus gerne und freuen sich darüber, wenn sie sich wertvoll für den Familienbund fühlen. Etabliert man den Familienstammtisch als Ritual, kann man auch im Jugendalter noch davon profitieren.

Achtung: Bei nur einem Kind solltest du darauf achten, dass die Stimmzahl dennoch gerecht verteilt ist. Theoretisch wäre es möglich, dass Eltern permanent das Kind überstimmen. Damit wäre der tolle Grundgedanke verloren.

MEIN TIPP: DER FAMILIENSTAMMTISCH

Der Familienstammtisch ist gelebte Demokratie. Empfehlenswert ist es, ihn zu einer Routine werden zu lassen mit festen Inhalten und einem festgelegten Rhythmus. So könnte sich beispielsweise die Familie immer montags um 17 Uhr zu solch einer Zusammenkunft treffen.

Urlaub zu Hause

Auch wenn es nicht der große Traumurlaub ist, kann man gerade in der Ferienzeit mit den Kindern zu Hause viele unvergessliche Momente schaffen und somit Platz für Quality Time schaffen.

Einfach umsetzbare Projekte

- Ein Picknick im Wohnzimmer auf dem Fußboden machen
- Im Garten zelten oder im Haus, wenn kein Garten vorhanden ist
- Ausflüge zu Badeseen
- Radtouren
- Bei Freunden übernachten/Freunde einladen
- Schatzsuche
- Museen besuchen

Hier gilt es eine gute Mischung zu finden, damit die Langeweile nicht zu groß wird, man sich aber auch nicht vor lauter Unternehmungen überschlägt.

Müde bin ich, geh zur Ruh ...

„Wenn ich selbst fertig bin, wollen sie die volle Aufmerksamkeit"

„Dann, wenn ich wirklich müde, fertig und k.o. bin und eigentlich einfach meine Ruhe möchte, gibt es Theater. Dann können die Mädchen plötzlich gar nichts mehr allein, wollen getragen werden und kommen gefühlt 200 Mal ins Wohnzimmer gerannt. Das ist doch kein Zustand mehr. Warum machen sie das?

Mutter von 3 Töchtern (7, 5 und 2)

Der Abend birgt die Gefahr, dass die Kinder zu müde sind und daraufhin die mangelnde Energie irgendwie ausgleichen wollen. Unser Großer macht bei Müdigkeit gerne auf Sofa und Sessel einen Kopfstand. Für uns ist das ein klares Zeichen, dass es höchste Zeit für das Zubettgehprogramm ist.

Die Idealvorstellung würde so aussehen, dass die Kinder sich dem Badezimmerprogramm vom Morgen nun nochmals unterziehen und dann eigenständig das Schlafzimmer betreten und dort selig einschlummern. Weit gefehlt!

Die Wahrheit beim Zubettgehen ist ...

In aller Regel verlangen Kinder gerade abends unsere volle Hingabe und unseren Zuspruch, genau dann, wenn bei uns selbst der Akku leer ist. Leicht entstehen hier Situationen, die aus Mücken Elefanten werden lassen. Glücklicherweise kannst du mit gewissen Vorbereitungen aber die größten Fallstricke vermeiden.

Punkte für ein entspanntes Zubettgehen

- Stell die Kleidungsboxen mit den Schlafanzügen bereit.
- Bring das Bad auf wohlige Temperatur.
- Sorge für eine ruhige Atmosphäre. Gedimmtes Licht und ruhige Musik können hier Wunder wirken.
- Kündige deinem Kind an, dass es bald Zeit ist, ins Bett zu gehen.
- Mach Zubettgehen durch Rituale zu etwas Positiven.

Damit man den Tagesabschluss für die Kinder angenehm einläutet, bieten sich Rituale an. Je nach Familie und Kind können diese ganz unterschiedlich aussehen. Wenn du noch nicht das Passende für euch gefunden hast, möchte ich dir hier gerne eine paar Anregungen geben.

Bei uns haben sich vor allem die ruhigen Ideen als gute Lösungen herausgestellt. Die actionreichen Varianten sind eher ins Gegenteil umgeschlagen. Du siehst also, dass sich kein „Schema F" anwenden lässt.

Ideen für Rituale

1. Du lässt dein Kind noch mal ordentlich austoben. Hierfür könnt ihr zum Beispiel tanzen oder gemeinsam Sport machen. Manche Kinder mögen es auch, im Schlafanzug oder komplett unbekleidet durch die Wohnung zu düsen. Durch das Auspowern wird der Akku nochmals restlos geleert.
2. Kinder mögen häufig warmes Wasser. Es muss nicht immer die volle Wanne sein, aber ein warmes Bad in der Dusche bewirkt oft wahre Wunder in Sachen Entspannung. Vielleicht hast du sogar noch ruhige Musik dazu und kannst das Licht ein wenig dimmen.

3. Zusammen die Kleidung für den nächsten Tag heraussuchen und die Tasche packen. Wenn du meine Idee mit den Kleidungsboxen umsetzt, kannst du am Abend mit deinem Kind die Auswahl für den nächsten Tag treffen. Auch die Kitatasche kann gepackt werden. Je nach Einrichtung ist es vielleicht erlaubt, ein bestimmtes Obst, Spielzeug oder auch Plüschtier mitzunehmen. Dein Kind kann die Aufgabe übernehmen (je nach Alter), zu kontrollieren, ob alles vollständig ist und gegebenenfalls auffüllen.

4. Es ist auch eine schöne Möglichkeit, den Tag mit einem Spiel abzuschließen. Es gibt mittlerweile viele Spiele, die nicht sehr aufwühlen und nicht allzu lange dauern.

5. Der Klassiker ist wohl das Vorlesen einer Geschichte. Bei uns lieben alle dieses Ritual. Zugleich ist es auch wieder ein Stück Quality Time, die wir Eltern mit unseren Kindern verbringen. Alternativ zum Vorlesen kann man sich natürlich auch Geschichten ausdenken und dem Kind erzählen. Hier wird gerne angenommen, wenn sie beispielsweise die Charaktere vorgeben dürfen.

6. Viele Kinder mögen leise Musik beim Einschlafen oder ein Hörspiel. Du solltest hier darauf achten, dass es wirklich beruhigend ist. Aufregende, aufwühlende Geschichten könnten Gegenteiliges bewirken.

Sollte dein Kind sozusagen wirklich „über den Punkt sein", hilft manchmal das beste und schönste Ritual nichts. Hier gilt es die Ruhe zu bewahren und das Kind liebevoll in den Schlaf zu begleiten. Manche Kinder weinen sich auch bei Müdigkeit erst einmal aus, bevor sie einschlafen. Schreien, drohen oder das Kind alleinlassen macht die ganze Situation für alle nur unnötig schwerer.

Symptome à la „Ich will aber noch dies und das"

Vielleicht kennst du es, wenn dein Kind kaum fünf Minuten im Bett liegt und plötzlich noch einmal auf Toilette muss. Ist dies erledigt, so hat es von jetzt auf gleich Hunger, Durst, Angst oder wollte unbedingt noch etwas loswerden.

Wir Eltern sitzen dann oft aufgeschreckt da und denken uns: „Will das Kind uns jetzt ärgern oder was soll das nun?" Die Wahrheit ist, dass es niemanden ärgern möchte. Es versucht über einen sehr umständlichen Weg den Kontakt und die Nähe aufrechtzuerhalten.

In diesen Momenten hilft es sehr, über seinen Schatten zu springen und zu fragen: „Willst du, dass ich dich ins Bett begleite?" In den meisten Fällen steht hier das Bedürfnis nach Nähe im Vordergrund und die vielen vorgeschobenen Gründe sind nur ein Versuch, dieses Bedürfnis zu stillen.

Lösung Familienbett

Früher hätte ich es mir nicht vorstellen können, mit meinen Kindern gemeinsam in einem Bett zu schlafen. Irgendwann ergab es sich aus der Not heraus, weil ich es leid war, im winzigen Bett meiner Kinder einzuschlafen und mit Rückenschmerzen aufzuwachen. Infolgedessen wanderten wir einfach ins große Elternbett. Schon nach kurzer Zeit stellte ich fest, dass sich das gesamte Zubettgehen entspannte.

Es gab keine negative Stimmung mehr, im Badezimmer machte man gerne mit. Man könnte fast meinen, dass eine gewisse Freude herrschte. Als unsere Tochter schlussendlich geboren war, konnten wir uns gar keine andere Lösung mehr vorstellen.

Ich weiß, dass es nicht jedermanns Fall ist, mit den Kindern zusammen in einem Bett zu schlafen und man es auf Biegen und Brechen nicht erzwingen kann. Ich bin mir auch sicher, dass die Kinder genauso gut in ihren eigenen Betten zur Ruhe kommen würden, wenn ihr Bedürfnis nach Nähe erfüllt wäre und sie sich dadurch sicher fühlen würden. Versuche, eine möglichst angenehme Atmosphäre zu schaffen und deine Kinder in den Schlaf zu begleiten, wenn sie es brauchen.

Selbstbestimmtes Zubettgehen

Auch das selbstbestimmte Zubettgehen gewinnt immer mehr an Beliebtheit. Das Kind darf dabei eigenmächtig entscheiden, wann es ins Bett gehen möchte und müde ist. Die Begründung ist, dass es dieses Bedürfnis genauso natürlich erkennt wie Hunger oder Durst.

Ich finde diese Herangehensweise logisch und einleuchtend, dennoch empfinde ich es in der Umsetzung schwierig, wenn das Kind am Morgen nicht ausschlafen kann und die Tragweite demzufolge auch nicht einschätzen kann. Zudem sehe ich hier die elterliche Verantwortung (siehe auch unter Gleichberechtigung und Gleichwürdigkeit) darin, dem Kind durch eine schöne Begleitung das Einschlafen zu ermöglichen. Es ist für mich keine Lösung, wenn das Kind vor Müdigkeit auf dem Fußboden oder Sofa einschläft.

Aus diesem Grund haben wir uns für eine Mischform entschieden. Wir gehen gemeinsam ins Bett, wenn wir müde werden, aber ich zwinge natürlich niemanden, die Augen zu schließen. Ich sorge für eine angenehme Umgebung, um das Einschlafen zu ermöglichen. Merke ich im Bett, dass das Kind total munter und quietschfidel ist, schließe ich es auch nicht aus, wieder aufzustehen.

Bei drei Kindern haben wir aus diesem Grund auch unterschiedliche Schlafenszeiten. Die Kleine wird wesentlich früher müde als ihre Brüder und zeigt dies dann durch Augenreiben und dadurch, dass sie beispielsweise das Spiel beendet und sehr kuschelig wird. Das ist für mich das Signal, sie ins Bett zu begleiten.

Eltern haben auch mal Pause

Ein weiterer wichtiger Faktor in der Zubettgehzeremonie ist, dass wir Eltern auch das Recht haben, unseren eigenen Bedürfnissen nachzugehen. Es ist überhaupt nichts dabei, wenn wir die Kinder ins Bett bringen und uns danach ein wenig Ruhe gönnen.

Auch beim selbstbestimmten Zubettgehen ist es bei Kindern im Vorschul- und Grundschulalter möglich, ihnen klarzumachen, dass ab einer gewissen Zeit eben „Elternzeit" ist und man dann auch einmal „Feierabend" haben möchte. Man könnte dann zum Beispiel vereinbaren, dass die Kinder im Zimmer bleiben sollen und die Eltern rufen, sobald sie ins Bett begleitet werden möchten. Genauso wäre es denkbar, dass sie direkt nach dem Ritual im Bett liegen und noch Bücher anschauen oder ein Hörspiel hören und dann Bescheid geben, wenn die Eltern zum Einschlafbegleiten kommen sollen. Dann heißt es aber auch Licht aus.

MEIN TIPP: GEDULD HABEN

Viele Mütter, die das selbstbestimmte Zubettgehen praktizieren, berichten davon, dass es einige Zeit dauert, bis sich alles eingespielt hat.

Auf die Zeit des Lebens gesehen ist es gar nicht so viel

Weißt du, früher habe ich wirklich oft gedacht, warum zur Hölle ich mich jeden Tag mit den Kindern ins Bett legen muss. Wie lange soll das so gehen und darf ich denn nicht auch einfach mal meine Ruhe haben? Irgendwann fiel mir auf, dass die Zeit, die wir für das Zubettgehen aufwenden, auf das Leben gesehen gar nicht viel ist. An manchen Tagen schlafen sie so schnell ein, dass ich vielleicht 30 Minuten meines Tages dafür investiert habe. Ich frage mich oft, wie ich mich in ein paar Jahren sehen werde, wenn die Kinder mich auf keinen Fall mehr in ihrem Bett haben möchten. Wahrscheinlich würde ich dasitzen und denken: „Hätte ich die Zeit doch einfach genutzt!" Ich lebe jetzt, in der Gegenwart, und wenn ich eines möchte, dann die Zeit nutzen – und wenn es Abende gibt, an denen die Kinder einfach nicht einschlafen wollen, so weiß ich doch, wie viele schöne Momente wir haben. Diese innere Überzeugung, dass sie eben nur einmal klein sind und ich nur dieses eine Leben habe, macht für mich das Zubettbringen zu keinem Thema.

Weitere Bereiche im Zusammenleben

Neben den großen Spannungspunkten im Alltag gibt es auch kleinere Themen, die uns beschäftigen. Diese betreffen nicht alle Familien generell, erscheinen mir aber doch so wichtig, dass ich sie der Vollständigkeit halber gerne aufgreifen möchte.

Eigene Haustiere für Kinder

Grundsätzlich ist es toll, wenn Kinder Verantwortung übernehmen, allerdings sollten sie es dann auch nur insoweit, wie sie diese wirklich übernehmen können. Wie oft liest man, dass zu Weihnachten oder zum Geburtstag Hamster, Hund und Co. an Kinder verschenkt werden und man mit Schrecken feststellt, dass sich der Sprössling ja doch nicht kümmert.

Das Projekt Haustier kann für mich nur funktionieren, wenn es als Familienprojekt gesehen wird, bei dem die Hauptverantwortung aber klar bei den Erwachsenen liegt. Von einem Vorschulkind zu erwarten, dass es ein Haustier ganz alleine versorgen kann, ist unrealistisch. Natürlich kann das Kind unter Absprache Aufgaben übernehmen, wenn es dazu gewillt ist, aber die Endkontrolle und Enddurchführung sollte bei den Eltern liegen – den Kindern und dem Tier zuliebe.

Ich ziehe nur noch das Kleid an

„Sie hat ihren eigenen Kopf in Sachen Kleiderwahl"

„Ich bin mit meiner Geduld am Ende. Meine Tochter möchte nur noch die allerbesten, schönsten und teuersten Kleider aus ihrem Schrank tragen und ändert gefühlt wöchentlich ihren Stil. Das Thema Kleidung nimmt momentan ungeahnte Ausmaße an. Lege ich ihr etwas raus, ist es nicht richtig. Sucht sie sich selbst etwas aus, dann dauert es Stunden."

Mutter einer Tochter (5)

Auch hier finden wir einen typischen Konfliktschauplatz. Bei meinen Kindern und auch bei Bekannten beobachte ich immer wieder, dass Kinder in Sachen Kleiderwahl sehr ihrem Autonomiebedürfnis nachkommen. Sie wollen sich selbst einkleiden und damit ihre eigene Entscheidung fällen.

Ich verweise hier gerne auf meine Idee mit den Kleidungsboxen. Doch damit nicht genug, denn was macht man, wenn das Kind die Festtagskleidung in die Kita anziehen möchte und man selbst dafür horrende Summen ausgegeben hat? Bei solch einem Interessenkonflikt sehe ich die beste Lösung darin, die Kleider einfach in den elterlichen Schrank zu hängen und somit erst einmal aus dem Blick zu schaffen. Es ist gefühlt auch ein wenig fies, wenn man den Vergleich herstellt. Wie würden wir Frauen uns fühlen, wenn im Schrank die schönsten Schuhe stehen, wir uns darauf freuen, sie zu tragen, aber bei der nächsten Gelegenheit jemand ins Zimmer stürmt und aufschreit: „Nein, die darfst du nicht tragen!" Die Situation lässt für mich nur zwei Lösungen zu: entweder damit leben, dass das Kind die Kleider doch anzieht, oder aus den Augen schaffen und auf sein ausgesprochenes „Nein" bestehen. Empfehlenswert wäre es, die Kleider gar nicht erst ins Blickfeld des Kindes zu bringen und somit gar nicht erst wieder in den Schrank des Kindes zu hängen.

Vereine und Kurse

Wenn ich mich mit manchen Müttern unterhalte, bin ich erstaunt, in wie vielen Vereinen die Kinder aktiv sind. Da ist der Fußballverein, der Feuerwehrverein, der Angelverein, die Tanzgruppe usw. Das Wochenprogramm einiger Kinder lässt kaum Luft zum freien Spiel. Für Eltern und Kinder bedeutet dies eine höhere Belastung, die mit wachsender Kinderzahl steigt.

Gewiss ist ein Verein eine tolle Erfahrung für ein Kind und gewiss ist ein echtes Hobby wert, unterstützt zu werden. Trotzdem sollten wir hier eine gute Balance finden. Einerseits gilt es zu beachten, ob das Kind selbstbestimmt so viele Vereine gewählt hat oder ob wir vielleicht darauf hingewirkt haben. Zum anderen sollten wir darauf achten, was für uns selbst im Rahmen des Machbaren liegt. Es ist kein Vergehen und schon gar kein Nachteil, auf Vereinstätigkeiten zu verzichten oder solche Aktivitäten bewusst überschaubar in den Alltag zu integrieren.

Hallo Entspannung

Wir achten auf uns, wir achten auf die Kinder,
aber wir vergessen oft, dass das ganze „Drumherum"
eine entscheidende Rolle spielt.

Unser Alltag ist oft hektisch und verplant, gespickt mit einer Reihe von Aufgaben. Manchmal haben wir das Gefühl, einfach nur noch zu funktionieren – oder eben nicht mehr zu funktionieren, weil alles zu viel wird. Dabei kann der Tag wirklich entspannt aussehen, wenn man sich auf das Wesentliche konzentriert, fokussiert und vor allem Zeitfresser ausmacht und beseitigt.

Planung ist das halbe Leben

Früher habe ich als spontaner Mensch immer behauptet, Planung wäre einschränkend. Ich habe Mütter belächelt, die Terminkalender führten. Heute sehe ich das anders: Planung und Organisation verschaffen mir überhaupt erst die Möglichkeit, spontan sein zu können. Trotzdem gilt es ein gesundes Maß zu finden und sich Spontanität wie eine Art Puffer in jeden Tag zu packen.

Starre Strukturen und ein straffer Zeitplan sind der Kern für Stress und daraus resultierende Konflikte. Ist der Tag ein Aneinander-ketten von Erledigungen ohne Verschnaufpausen, müssen wir uns nicht wundern, wenn die Kooperationswilligkeit sinkt: bei uns und bei den Kindern. Die Ampel leuchtet rot und unser Gehirn schal-tet um auf Stress, Stress und noch mehr Stress. Die kleinste Sache möchte uns dann nicht mehr gelingen, wir sind schusselig und vor allem sinkt unsere Hemmschwelle. Ich mache mich nicht frei davon: Wenn Stress aufkommt, passiert es so unheimlich schnell und ich werde pampig, obwohl ich es eigentlich gar nicht möchte.

Die Antwort lautet darauf so oft, dass man sich Strategien „zum Ent-schleunigen" zurechtlegen soll. Leider weiß ich nur zu gut, dass es in der Praxis nicht so einfach ist, wenn man sich so richtig gestresst fühlt. Meine Lösung liegt daher viel mehr in der Vorbeugung und im Besinnen auf das Wesentliche. Fakt ist, dass wir in den meisten Fäl-len selbst für Entspannung sorgen können.

Ich möchte dir zeigen, wie du deinen Alltag stressfreier gestalten kannst, wie du ihn so organisieren kannst, dass kleine Puffer blei-ben, von denen du zehrst. Ich möchte dir Stolperfallen aufzeigen, die vermeidbar sind.

Termine, Termine, Termine

Die Woche hat sieben Tage à 24 Stunden. Zunächst klingt das viel. Kommen jedoch die eigene Arbeit, Wocheneinkauf, Kita, Schule, häusliche Verpflichtungen usw. dazu, dann sind sieben Tage nichts. Sie sind gefühlt ein Wimpernschlag. So schnell, wie sie kommen, sind sie vorbei.

Es geht mir oft so, dass ich mich am Ende der Woche frage, wo die gemeinsame Zeit eigentlich war. Noch schwieriger wird es dann, wenn man sich zu viel vornimmt, ja so viel, dass man es gar nicht schaffen kann. Was passiert? Man schiebt es auf und wieder auf, bis schlussendlich kein Ufer mehr in Sicht ist.

Gerade mit kleinen Kindern sind zu viele Termine der Supergau, nämlich dann, wenn die Zwerge überall mit hingenommen werden müssen. Wir alle wissen, dass Kinder sich beim Anziehen gerne Zeit lassen, unterwegs gerne die Welt erkunden und nicht ansatzweise verstehen, dass man einen Termin mit dem Wort Pünktlichkeit verknüpft.

Ich gebe dir daher den Tipp, Termine bedacht zu planen und zu prüfen, ob es überhaupt notwendig ist, die Kids mitzunehmen.

Termine planen – mit oder ohne Kids?

- Eigene Termine kannst du wahrnehmen, wenn die Kinder in der Kita sind oder vom Partner oder Bekannten/Verwandten betreut werden.
- Termine mit Kindern solltest du so planen, dass diese nicht in die Essenszeiten oder Schlafenszeiten fallen. Setze dir zudem einen wesentlich größeren Zeitpuffer, als du es für dich allein tun würdest.

Ich selbst vermeide es, pro Woche mehr als zwei Termine für meine Kinder zu veranschlagen. Bei mehreren Kindern grenzt die Termingeschichte ohnehin an einen Organisationsmarathon.

Alle fixen Zeiten und Pläne notiere ich mir in meinem Terminplaner inklusive aller damit verknüpften Erledigungen, wie zum Beispiel Sachen, die ich mitnehmen muss oder eventuelle Unterlagen, die ich vorab besorgen muss.

Das bisschen Haushalt

„Ich fühle mich wie die Putzfee vom Dienst"

„Es ist mir alles zu viel: Haushalt, Kinder, Arbeit und was sonst noch kommt. Ich bin gefühlt den ganzen Tag am Putzen. Dabei hilft mir keiner. Ich fühle mich damit alleingelassen, und manchmal komme ich mir vor, als sei meine einzige Daseinsberechtigung, die Putzfee zu spielen. Irgendwie hatte ich mir das anders vorgestellt. Ich wünschte, ich hätte mehr Zeit für meine Kinder und meinen Mann oder Hobbys."

Mutter von 2 Kindern

Das Thema Haushalt spielt in Familien eine große Rolle. Auch hier bin ich der Überzeugung, dass es zum Teil damit zu tun hat, wie wir auf andere wirken wollen. Natürlich möchten wir nach außen hin ein Bild verkörpern, als hätten wir stets die Lage im Griff und würden sehr ordentlich und gesittet leben. Je nach Charakter und Erfahrungen ist das Bedürfnis nach Ordnung unterschiedlich stark ausgeprägt. Je größer der Stellenwert des Haushalts ist, desto größer ist auch der Zeitfaktor, den Frau und/oder Mann damit täglich zubringt.

Ich gestehe, dass ich noch nie eine Putzikone war und es bei mir auch selten steril aussieht, aber eben auch nicht schluderig. Hier lebt eine glückliche fünfköpfige unperfekte Familie und das darf gerne jeder wissen. Wir möchten jedoch auch nicht, dass unangekündigter Besuch laut aufschreit. Haushalt wird bei uns nie eine übergeordnete Rolle spielen. Ja. Er ist Part unseres Lebens, der sich nicht vermeiden lässt, den man aber durchaus angenehm gestalten kann.

Möglichkeit 1: Hilfe annehmen

Eine Tugend, die wir wahrlich verlernt haben. Wieso, ist mir nicht ganz klar, aber ich finde es eigenartig, dass wir auf Fragen wie: „Soll ich dir etwas mitbringen?" mit Nein antworten. Wir lehnen Hilfe gekonnt ab, und doch ist der Gedanke, sich gegenseitig zu unterstützen so schön. Aber warum tun wir das? Meist haben wir wohl die Befürchtung, dass wir anderen damit zur Last fallen könnten.

Ich genieße es regelmäßig, wenn eines meiner Kinder bei einem Freund oder einer Freundin zu Besuch ist und ich diese Zeit dann nutzen kann, um schnell ein wenig aufzuräumen. Ich liebe es genauso, wenn mir etwas vom Bäcker mitgebracht wird und ebenso gerne revanchiere ich mich dafür. Ich passe gerne einmal auf andere Kinder auf und freue mich, wenn im Gegenzug meine Kinder einmal bei Bekannten sind. Wir organisieren Fahrgemeinschaften, wir takten Freizeitaktivitäten und wir bestellen online beim Supermarkt, damit wir uns das Einkaufen sparen. Ja, wir bezahlen auch eine Haushaltshilfe, damit diese mir regelmäßig die Treppen wischt. Ich muss so oft darüber schmunzeln, dass diese Themen so sensibel behandelt werden, als müsse man sich dafür schämen.

MEIN TIPP: HILFE ANNEHMEN

Solltest du die Möglichkeit haben, mit Freunden Fahrgemeinschaften für die Kids zu bilden, nutze das Angebot. Es wird zwei Menschen mehr Zeit bringen. Du überlegst schon länger, ob du eine Haushaltshilfe suchen solltest? Dann ist jetzt der richtige Zeitpunkt. Jede Minute, die du dir durch solche Hilfen freischaufeln kannst, ist ein Bonus für deine Seele und sorgt für Entspannung in der Familie.

Nein, dafür muss man sich nicht schämen und es hat auch nichts mit Faulheit zu tun. Im Gegenteil: Wir haben erkannt, was wirklich wertvoll ist: Zeit.

Möglichkeit 2: Eieruhr für Fokus

Die Eieruhr ist eine wundervolle Erfindung, vor allem in Bezug auf den Haushalt. Stelle sie dir täglich auf 30 Minuten oder auch eine Stunde ein. In dieser Zeit liegt dein ganzer Fokus auf dem Thema Haushalt. Mach dir Musik an und überlege dir, bei welchem Raum du anfängst und dann „Go". Kein Handy, kein „Ins-Brot-Beißen", kein In-einer-Zeitung-Blättern. Solange die Uhr tickt, wird zielstrebig Ordnung gemacht. Du wirst verwundert sein, wie viel man in kurzer Zeit schaffen kann, und du wirst begeistert darüber sein, wie effektiv es war. Noch mehr wird es dich freuen, dass du die restliche Zeit mit wesentlich angenehmeren Dingen verbringen kannst.

Möglichkeit 3: Gesundes Maß finden

Haushalt wird bei den meisten Menschen sicher nicht das liebste Hobby sein, sondern immer diese notwendige Pflicht, die sich Tag für Tag anbahnt. Wir haben ein Problem damit, diesen Umstand anzuerkennen, dass die meisten von uns eben nicht „Typ Sterilo" sind und keine Freude daran empfinden, mehrere Stunden täglich Staub zu wischen. Meine Frage ist also: Warum versuchen wir dann, eine Rolle zu spielen? Was passiert, wenn der Boden einmal nicht gewischt wird oder das Bett einmal nicht gemacht ist? Gar nichts. Es passiert einfach nichts. Finde ein gesundes Maß für dich, welche Rolle Haushalt in deinem Leben spielen soll. Richte danach deine täglichen Aufgaben und die Zeit, die du in den Haushalt investierst. Erlaube es dir und deiner Familie, nicht immer perfekt sein zu müssen.

Vorräte einkaufen & Menüplanung

Die Punkte Einkaufen und Essenplanung nehmen mit Kindern einen ganz neuen Stellenwert ein. Ich glaube, ich kann hier ganz offiziell zugeben, dass ich ohne Kinder sehr intuitiv eingekauft habe. Oft bin ich nach der Arbeit schnell in den örtlichen Supermarkt gefahren und habe mir dort meine Auswahl für das Abendessen mitgenommen.

Heute geht das nicht mehr. Zum einen wäre es sehr anstrengend, jeden Tag mit den Kindern „schnell mal einkaufen" zu fahren, zum anderen habe ich bemerkt, dass wir geplanter vorgehen müssen. Ein weiterer Grund ist, dass ich dadurch noch mehr Quality Time verschenken würde.

Als wir noch zu den Spontankäufern zählten, passierte es häufig, dass unsere Vorräte verfallen sind und schlussendlich im Müll landeten. Schade um das Geld. Dann gab es wiederum Zeiten, da hatten wir den Kühlschrank wortwörtlich voll mit „nichts zum Essen", weil die Zutaten nicht annährend zusammenpassten. Es musste eine Lösung her.

Menüpläne erstellen

Die Lösung habe ich gefunden, indem ich mich immer freitags mit der Menüplanung auseinandergesetzt habe. Ich notierte einfach aus Kopf und Bauch heraus, was ich in der nächsten Woche kochen wollte. Freitag schien mir als idealer Zeitpunkt, da wir so noch vor dem Anbruch der nächsten Woche die Möglichkeit hatten, fehlende Lebensmittel zu besorgen.

Ich persönlich plane Mittagessen und Abendessen. Das Frühstück ähnelt sich an allen Tagen sehr stark, sodass hier nicht so sehr variiert wird.

Durch die Vorabplanung der Mahlzeiten hast du folgende Vorteile

- Du kannst deinen Speiseplan ausgewogen halten.
- Du hast garantiert alle Zutaten im Haus, wenn du die Vorbereitung getroffen hast.
- Du vermeidest hektisches Aufspringen kurz vor der Mittagszeit, weil dir einfällt, dass du eigentlich etwas kochen müsstest.
- Du kannst mit deiner Familie Wünsche abstimmen und so auf jeden individuell eingehen.
- Du musst nicht mehr krampfhaft überlegen, was du auf die Schnelle kochen könntest.
- Du sparst viel Geld, weil du nur das kaufst, was du auch wirklich brauchst.
- Du kannst dich auf einen einzigen großen Wocheneinkauf beschränken.

Ich glaube, die Gründe, die für einen Speiseplan sprechen, sind ausreichend vorhanden. Du vermeidest auch hier unnötigen Stress in deinem Alltag.

Online-Bestellservice nutzen

Man kann es mögen, muss es aber nicht. Ich jedenfalls finde es mit Kindern extrem erleichternd, auf Angebote wie „Abholservice" zurückgreifen zu können. Mit einer App habe ich von zu Hause aus die Möglichkeit, den Warenkorb mit Lebensmitteln zu füllen und kann direkt bei der Menüplanung fehlende Zutaten berücksichtigen. Am nächsten Tag renne ich weder durch Regalreihen, noch neige ich zu

Impulskäufen und es tickt auch keine Uhr in meinem Nacken. Die Lebensmittel werden fertig vorgepackt abgeholt oder in manchen Städten sogar direkt vor die Haustüre geliefert. Für mich fühlt es sich nicht nur innovativ, sondern auch äußerst entlastend an.

DU BIST DRAN!

Im letzten Teil des Buches findest du eine Vorlage zur Menüplanung. Mit dieser Liste kannst du bares Geld und Zeit sparen. Kopiere sie dir am besten, sodass du sie fortlaufend verwenden kannst.

Umgang mit Süßigkeiten

Sehr oft werde ich von meinen Leserinnen gefragt, wie wir es mit dem Thema Süßigkeiten halten. Daher möchte ich das Thema gerne aufgreifen. Ich bin grundsätzlich der Meinung, dass man Kindern auch in Sachen Ernährung das meiste einfach vorleben muss.

Esse ich gesunde Lebensmittel und koche ausgewogen, so bekommen die Kinder das automatisch mit. Süßigkeiten haben dennoch ihren Reiz, und ich finde, dass Kleinkinder nicht in der Lage sind, die Tragweite von ungesunder Ernährung zu erkennen und somit ihre Süßigkeiten selbst zu dosieren. Mein Ansatz ist, den Kindern die Möglichkeit zu geben, ihre Ernährung selbst zu bestimmen, aber dennoch nicht zu viele Süßigkeiten anzubieten.

Deshalb habe ich zwei ganz einfache Lösungen gefunden. Die Kinder können sich bei jedem Einkauf etwas aussuchen und dann selbst einteilen. Wenn es alle ist, ist es eben aufgebraucht. Erst beim nächsten Einkauf erhalten die Kinder die Möglichkeit, sich Nachschub zu besorgen. Ausnahmen bilden bei uns natürlich Geburtstage und andere Feierlichkeiten.

Die zweite Sache ist die, dass ich unseren Süßwarenschrank regelmäßig ausmiste, damit sich dort gar nicht erst so viel anhäuft. Ich muss sagen, dass bei uns Süßigkeiten nicht im Konfliktfokus stehen und ich daher recht entspannt bin, selbst wenn mein Kind aus meiner Unachtsamkeit heraus vor dem Abendessen zwei Schokoriegel gegessen hat. Hier gilt für mich mal wieder: Es ist mein Problem, wenn ich nicht hingeschaut habe und anschließend enttäuscht bin, weil mein Kind satt ist.

Allerdings muss ich dazu sagen, dass es für mich nicht zur Debatte stünde, Kindern unbegrenzten Zugang zu Süßwaren zu geben. Durch die Dosierung beim Einkauf schiebe ich etwaigen Konflikten somit direkt den (Schoko-)Riegel vor.

MEIN TIPP: SÜSSIGKEITEN SELBST EINTEILEN LASSEN

Eine weitere Variante ist die, den Kindern ein wöchentliches oder tägliches Pensum zur Verfügung zu stellen, das sie selbst einteilen dürfen. Aufgefüllt wird dann in regelmäßigen Abständen (immer nach der Kita, jeden Montag usw.).

Feste und Feiern

Das Jahr bringt viele Feierlichkeiten mit sich. Natürlich zählen sie besonders bei den Kids zu den herbeigesehnten Höhepunkten.

Warum sollten sie auch nicht aufgeregt sein, wenn es am Tag X Geschenke regnet. Genau das macht es uns als Eltern aber zugleich so schwer. Je näher die Festlichkeit rückt, desto quirliger scheinen die Kinder zu werden. Mama ist zudem mit den Vorbereitungen zugange und hat einen Berg an Erledigungen angehäuft. Stündlich steigt der Stresspegel, bis aus dem eigentlich schönen Anlass pure Genervtheit wird.

Du wirst dich jetzt nicht wundern, wenn ich hier schreibe, dass auch bei uns Probleme hausgemacht sind. Hast du dich schon einmal gefragt, was an diesen ganzen Festen eigentlich wirklich wichtig ist? So viel sei vorab verraten: Die Deko und das Essen sind eher zweitrangig.

Alle Jahre wieder fahren wir alle besuchen

„An Feiertagen sind wir nur auf Achse. Es schlaucht.“

„Jedes Jahr der gleiche Stress. Erst feiern wir hier, dann fahren wir zu meinen Eltern, dann zu den Eltern meines Mannes. Man fühlt sich, als hätte man gar nichts von den Feiertagen.“

Mutter von 2 Kindern (Mädchen 7, Junge 5)

Dir geht's genauso? Dann habe ich nur eine Frage: Warum tut ihr euch das als Familie an? Es spricht nichts dagegen, nicht jedes Mal alle Verwandten zu besuchen. Es ist total okay, den Kindern und sich selbst zuliebe zu Hause zu feiern. Selbst Geburtstage kann man bewusst kleinhalten. In uns tickt dieses innere Gefühl, es allen recht machen zu wollen – außer uns selbst. Wir fahren dann lieber durch halb Deutschland, als uns zu Hause bequem als Familie hinzusetzen und den Tag zu genießen.

Heute koche ich, morgen backe ich ...

Weiter geht es mit dem Essen. Da wird ein pompöses Menü gekocht. Wenn es dir Spaß macht, dann ist das auch okay, aber falls du es nur tust, weil man das eben so macht, frage dich selbst, ob es notwendig ist. Gerade an Kindergeburtstagen überschlagen wir uns fast, mit dem Resultat, dass am Ende das Essen verschmäht wird, weil die Kids toll spielen und gar keine Zeit finden, etwas zu sich zu nehmen. Was spricht dagegen, eine Pizza für alle zu bestellen? Wahrscheinlich nur ein „Das macht man nicht" oder „Was sollen denn die anderen Mütter von mir denken?". Das ist kein Grund, vielmehr eine vorgeschobene Ausrede. Wir möchten perfekt sein und nach außen hin dieses makellose Bild aufrechterhalten. Damit machen wir uns selbst das Leben so unglaublich schwer. Hör auf dich und erkenne deine Belastungsgrenze. Wenn du sie erkannt hast, dann achte sie zum Wohle aller.

500 Spiele, 30 Überraschungen, 10 Wundertüten ...

Ich vergleiche Kindergeburtstage gerne mit Wettrüsten. Das Übertrumpfen nimmt kein Ende. In unserer ehemaligen Kindertagesstätte war es irgendwann so weit, dass Mütter des Geburtstagskindes für 20 andere Gruppenkinder Geschenke packten. Hinzu kamen Kuchen, Spiele und am Nachmittag eine Wahnsinnsparty mit viel Tamtam.

Es sollte alles perfekt sein, damit das Kind wunschlos glücklich ist – so war das Ansinnen der Eltern. Ich bin mir sicher, dass der Urgedanke absolut liebenswürdig war und sie dem Kind einen tollen Tag bereiten wollten. Die Frage ist, ist das überhaupt notwendig? Was hat das Kind davon, 20 anderen Kindern etwas an seinem

Geburtstag zu schenken? Was bringt es, 20 Stunden in Vorbereitungen zu stecken, die in Sekundenschnelle von den Kids „plattgewalzt" werden? Kinder wollen an ihrem Tag vor allem eines: Spaß und gesehen werden. Genau das sollte im Fokus stehen und nicht die Erwartungen anderer Menschen oder unser eigener Drang nach Perfektionismus.

Alltag entschlacken durch Mut zur Lücke

Einfach einmal Mut haben, nicht alles perfekt machen zu wollen, hilft uns, Luft zu gewinnen. Es gibt Tage, die so vollgepfropft sind, dass man irgendwo an Zeit gewinnen muss. Es gibt Punkte, die man als Mutter generell entschlacken kann – ganz ohne schlechtes Gewissen.

Hier kann immer Zeit gespart werden

- Einmal Fertigessen bringt niemanden um.
- Trockenshampoo kann die Frisur auch einmal retten.
- Das Stapelprinzip verhilft in wenigen Sekunden zu oberflächlicher Ordnung.
- Statt den Boden zu wischen, wird schnell durchgefegt.
- Statt der aufwendigen Frisur tut es der Pferdeschwanz.
- Das Essen kann auch einmal auf der Couch eingenommen werden.
- Wenn es zu spät zum Duschen ist, gibt es einfach eine Katzenwäsche.

So wie diese Beispiele gibt es noch viele andere Möglichkeiten, die wir nutzen könnten, um in Stressmomenten für Entspannung zu sorgen. Das Schlimme ist auch hier wieder, dass uns unser Gewissen im Wege steht und uns das Gefühl gibt, ein „Versager" zu sein. Es wird Zeit, dich davon zu lösen.

Vom Wollen und Müssen

Wie fühlt es sich für dich an, wenn du liest, dass du etwas heute tun „musst"? Es fühlt sich nicht gut an. Dieser Zwang, etwas erledigen zu müssen, das Gefühl, keine Ausweichmöglichkeit zu haben, mag niemand.

Der Alltag erwachsener Menschen ist voll mit „Müssen", und ich glaube, genau dieser Umstand macht es uns oftmals so schwer, zur Ruhe zu kommen. Überlege dir, welche Muss-Bereiche wirklich vertretbar sind. Wenn ich Leserinnen frage, was sie wirklich müssen, bekomme ich meist diese zwei Antworten:
1. Für die Familie da sein, für sie sorgen
2. Geld verdienen

Wir befriedigen dabei Bedürfnisse. So zum Beispiel das Bedürfnis nach Sicherheit. Geht man weiter in den Tag hinein, so fällt aber auf, dass viele „Müssen" eigentlich ein „Können" oder sogar ein „Wollen" sind. Warum formulieren wir das nicht auch so?

Du musst nicht für die Tochter die Geburtstagsparty vorbereiten. Du möchtest es. Es besteht kein Zwang. Es ist dein Wunsch, es ihr schön zu machen.

Wie hören sich die zwei Sätze für dich an? „Ich muss meiner Tochter die Geburtstagsparty noch vorbereiten" und „Ich möchte für meine

Tochter die Geburtstagsparty vorbereiten". Schon die gedankliche Formulierung macht etwas aus.

DU BIST DRAN!

Rationalisiere deine „Müssen" auf die Bereiche, die wirklich keine Alternativen zulassen. Formuliere andere Aufgaben für dich positiv. Durch das „schön Formulieren" fühlt es sich für dich leichter an.

Erkenne die größten „Zeitmopser" und rationalisiere sie weg

Die Zeitfresser ähneln sich bei allen Familien, und doch schaffen wir es immer wieder, uns mit ihnen aufzuhalten. Schluss damit, denn die Zeit lässt sich viel sinnvoller nutzen, zum Beispiel durch:

- Zeit mit den Kindern
- Endlich mal wieder ein Buch lesen
- Einen Kaffee trinken
- Ein Power-Napping
- FreundInnen treffen

Handy weg!

Handys sind Fluch und Segen. Gerade ich kenne dieses Leid nur zu gut. Ich bekomme Nachrichten, mich rufen Geschäftspartner an und neue Mails ploppen permanent auf. Soziale Netzwerke sind reinste Zeitfresser – und überhaupt und sowieso kann man im digitalen Sumpf schnell versacken. Die Lösung habe ich für mich darin gefunden, dass ich das Handy lautlos schalte. Zudem lege ich es nachmittags, sobald die Kinder da sind, beiseite und schaue nur sporadisch darauf. Auch am Wochenende bin ich dabei, das Handy mehr und mehr links liegen zu lassen.

Solltest du ebenfalls von Berufs wegen schon sehr viel „online" sein oder auch privat das Smartphone nicht gerne aus der Hand legen, dann setz dir feste Auszeiten.

Folgende Vorkehrungen helfen dir

- Das Handy liegt an einem festen Platz und wird nach Gebrauch wieder dorthin gelegt.
- Das Handy wird lautlos gestellt, im besten Falle schaltest du es ganz aus.
- Verzichte darauf, dir für die Zeit mit deinen Kindern Telefongespräche oder andere wichtige Absprachen vorzunehmen.
- Mach dir bewusst, dass alle WhatsApp-Nachrichten, Anrufe, Pushnachrichten usw. auch später angesehen werden können, wenn die Kinder schlafen oder beschäftigt sind.
- Gib wichtigen Kontakten eine Notrufnummer. Im besten Falle nutzt du dafür dein Festnetztelefon oder eine Zweitnummer.
- Setze dir feste Smartphone-freie Zeiten, wenn es dir sonst eher schwerfällt, und halte diese ein.

Nur noch fünf Minuten länger schlafen

Am Morgen liegen wir müde und unmotiviert im Bett. Was passiert? Der Wecker wird gefühlt 20 Mal ausgeschaltet und schon geht die Zeit verloren, die wir am Morgen eigentlich so dringend bräuchten.

Den Stress baden meistens die Kinder aus, wenn wir es dann plötzlich eilig haben und sie nicht so recht mitmachen, wie wir es uns wünschen würden.

Einkaufen ohne Plan

Weiter oben habe ich das Einkaufsthema schon ausführlich angesprochen. Ohne Plan in einen Laden zu gehen und dort dann draufloszukaufen, kostet nicht nur mehr Geld, sondern häufig auch wesentlich mehr Zeit. Einkaufen ist geplant deutlich entspannter.

Wartezeiten verstreichen lassen

Wie oft sitzen wir im Wartezimmer beim Arzt, warten auf eine Zugverbindung, verbringen Zeit als Beifahrer im Auto oder stehen irgendwo, weil wir auf die Kinder warten, wenn sie Freizeitaktivitäten nachgehen? Diese Zeit können wir sinnvoll nutzen. Ich nutze diese Gelegenheiten beispielsweise bewusst aus, um die nächsten Wochen zu planen, To-dos in meinem Terminplaner anzulegen oder auch, um den Einkaufszettel und den Menüplan durchzugehen.

Genauso kann man in dieser Zeit dank Smartphone Recherchen betreiben oder hat jetzt einmal Zeit, sich den Medien hinzugeben. Sogar sich weiterzubilden ist heutzutage dank Hörbüchern und Podcasts während Wartezeiten möglich.

Ich sehe häufig auch Mütter, die Häkelprojekte im Wartezimmer fertigstellen oder ein Buch lesen. Egal wie, es wäre verschenkte Zeit, wenn du Wartezeiten sinnlos verstreichen lässt.

Automatisierungen nicht nutzen

Ich denke dabei so gerne an meine Großmutter. Über Jahre weigerte sie sich, einen Geschirrspüler zu nutzen, weil ihr das „neumodische Zeug" suspekt erschien. Wir schafften ihr trotzdem einen an und siehe da: Heute hat sie Zeit, sich anderen Dingen zu widmen, während der Geschirrspüler für sie spült. Die Kaffeemaschine kann mittlerweile vorprogrammiert werden und kocht auf Zeitwunsch den Kaffee. Mit der Mikrowelle kann ich bei Engpässen das vorgekochte Essen binnen Sekunden erwärmen. Der Saugroboter (ja, ich liebe ihn wirklich) saugt automatisiert den Boden und die Heizungsanlage reguliert sich auch von allein.

Automatisierung und auch der Trend zum Smart Home hält Einzug, und wir können auf diese Weise wirklich viel Zeit sparen. Man stelle sich vor, wir würden die Wäsche noch per Hand waschen. Unvorstellbar, oder? Genauso fällt uns heute sehr schnell auf, wie bequem so ein Geschirrspüler ist, wenn dieser einmal streikt. Sei offen für Neues und entlaste deinen Alltag durch Automatisierung, wenn es sich für dich gut anfühlt.

Alternativ hast du die Möglichkeit, dir durch die Inanspruchnahme einer Haushaltshilfe, eines Gärtners oder eines Handwerkers Freizeit zu kaufen.

Deine Timeline bei Facebook und Co.

Einer der größten Zeitfresser sind die Timelines unserer sozialen Netzwerke. Hier ein süßes Foto, dort ein lustiges Video und daneben eine eskalierte Diskussion darüber, ob man impfen sollte oder nicht. Es dauert einen Bruchteil von Sekunden und schon haben wir uns in der Timeline verloren, kommentieren mehr oder weniger sinnlose Beiträge, schauen uns Videos an, die uns nicht weiterbringen oder verwickeln uns in Diskussionen, die wir auf öffentlicher Straße nie führen würden.

Grundsätzlich ist daran nichts Schlimmes, wenn es nicht unsere wertvolle Zeit derartig auffressen würde. Du bist gut beraten, wenn du deine Timeline aussortierst und dort nur Seiten und Menschen belässt, die dir wirklichen Mehrwert bieten. Die Gefahr, die Zeit zu vergessen, sinkt dadurch erheblich.

Zeitfressende Nachrichten und Zeitschriften

Natürlich ist es schön und gut, wenn man über das aktuelle Geschehen im Bilde ist, aber seien wir doch mal ehrlich: Zeitschriften neigen mehr und mehr dazu, Themen regelrecht auszuschlachten. Ich weiß nicht, wie es bei dir ist, aber in einigen Bereichen ärgere ich mich dann über das Weltgeschehen und bekomme eine schlechte Stimmung. Manche Nachrichten lassen mir keine Ruhe und wirken sich negativ auf mein Gemüt aus. Man hält sich an einem Ereignis stundenlang auf und verliert sich darin.

Wesentlich zeitsparender wäre es, einmal täglich die Kurznachrichten im Überblick zu lesen und sich damit einen Überblick zu verschaffen – nicht mehr und nicht weniger.

Onlineshopping ohne Shopping

Kennst du das? Du bist im Onlineshop unterwegs und füllst munter den Warenkorb. Eigentlich wolltest du gar nichts bestellen. Eigentlich wolltest du auch keine Zeit vertrödeln. Trotzdem fühlt es sich gut an, und so fügst du noch ein Teil und noch eines zum Warenkorb hinzu. Am Ende stellst du fest, dass es viel zu teuer ist, das Geld dafür nicht da und es eine außerplanmäßige Ausgabe darstellen würde.

Ich frage mich oft, warum wir überhaupt unsere Zeit mit Dingen verschwenden, wovon vorab schon klar ist, dass sie zu keinem Ziel führen werden.

Die Lösung ist furchtbar einfach: Unterlasse so etwas. Wenn du etwas kaufen willst, dann solltest du zumindest wissen, wonach du suchst, wie hoch dein Budget ist und was du dir genau vorstellst.

Dauerberieselung durch den Fernseher

Die gute alte Flimmerkiste! Hand aufs Herz: Wie viel von dem, was du da schaust, würdest du als Mehrwert bezeichnen? Ich meine damit Sendungen, die dich informieren, dich bilden oder dir etwas Neues zeigen? Der Anteil ist mittlerweile wahrscheinlich verschwindend gering, und damit ist das TV-Programm vielleicht eine nette Unterhaltung, aber eben doch ein Zeitfresser.

Setzte dir bewusste TV-Zeiten, wenn du darauf nicht verzichten kannst. Zum Beispiel kannst du dir festgelegte Folgen anschauen und danach die Flimmerkiste abschalten. Oder nimm dir Serien auf und schaue sie dann, wenn es die Zeit zulässt. Die zeitraubenden Werbepausen kannst du dir dadurch gekonnt ersparen.

Im Inspirationstunnel

Dank Instagram, Pinterest, Google und andere tollen Erfindungen haben wir Zugang zu einer Menge Ideen und Inspirationen. Hier eine Gestaltungsidee für den Garten, dort ein Trick, um Platz im Kühlschrank zu sparen und dort eine kreative Geschenkverpackung zum Nachmachen. Die Inspirationen scheinen unendlich, und dann passiert es, dass man nach einer Stunde aufgeschreckt feststellt, dass man längere Zeit nichts anderes getan hat, als Bilder und Ideen anzusehen. Von den vielen Ideen werden tatsächlich wohl nur die wenigsten umgesetzt.

Genauso verhält es sich mit dem beliebten Instagram. Es ist ein wenig wie durchs Schlüsselloch gucken und natürlich ist es interessant. Auch hier bekommt man Eindrücke und Inspirationen und das sogar jede Menge in kurzer Zeit.

Trotzdem oder gerade deswegen handelt es sich hier um wahre Zeitfresser, auch wenn sie noch so viel Spaß machen. Es hat sich bei mir bewährt, diese Plattformen abends beim Einschlafen zu nutzen. Falls das bei dir nicht möglich sein sollte, dann achte auf die Zeit, stelle dir vielleicht sogar einen Wecker, um nicht zu versinken.

MEIN TIPP: APPS NUTZEN

Inzwischen haben auch Technikfreaks das Problem erkannt. Im Appstore findest du nützliche Programme, die dich vor zu langer Nutzung schützen und auf deinem Handy zum Beispiel Pushnachrichten unterdrücken. Es hört sich kurios an, aber das scheint für viele Menschen eine Lösung zu sein.

Planloses Vorgehen

Du nimmst dir immer wieder dieses und jenes vor, und am Ende des Tages merkst du, dass du gar nichts davon geschafft hast oder von einer Sache in die nächste gestolpert bist, ohne etwas zu beenden?

Vielleicht ist es dann für dich genauso wichtig wie für mich, dir Aufgaben und Termine zu visualisieren. Ich nutze hierfür mein Bullet Journal, lege mir tägliche Aufgaben in diesem Heft an und hake sie nach Erledigung ab.

Natürlich freut es mich, wenn ich eine Aufgabe abgeschlossen habe, und durch die Visualisierung habe ich einen roten Faden, den ich jederzeit aufrufen kann. Bleib aber realistisch: Wenn dein Kind zu Hause ist, ist es schwierig, Aufgaben zu lösen, die eine hohe Konzentrationsfähigkeit voraussetzen. Du solltest daher deine To-dos entsprechend planen und die gegebenen Umstände berücksichtigen.

Warum es sich lohnt umzudenken und wie du am Ball bleibst

Manchmal fragt man sich, wofür man das alles tut, warum man sich überhaupt so viele Gedanken um Erziehung, sich selbst und den Alltag macht, wenn doch eh alles nichts bringt.

Ich verspreche dir, dass es sich lohnt, am Ball zu bleiben und deinen Alltag und die Sichtweise umzukrempeln. Dein Leben gewinnt dadurch so viel Mehrwert und du wirst zufriedener.

Ich habe einmal gelesen, dass man an Dinge glauben muss, damit sie wahr werden können. Also glaube an dich. Auch wenn es richtig schlecht läuft, dann sag dir immer wieder, dass du es schaffen wirst, eine entspannte Mutter zu werden.

Auch ich hatte viele Durststrecken und Rückschläge, auch heute noch. Das Gute ist aber: Ich weiß, dass es funktioniert. Durch ein paar Änderungen und Arbeit an sich selbst kann man sich ein wenig fallen lassen. Man gewinnt kostbare Zeit für die schönen Dinge im

Leben. Wir sollten uns immer und immer wieder sagen, dass wir nur dieses eine Leben haben. Daraus gilt es das Beste zu machen, für uns und für die Familie.

Im letzten Kapitel möchte ich dir ein paar Motivationsschübe verpassen und dir zeigen, warum es sich lohnt, dem Schweinehund den Kampf anzusagen.

Das funktioniert doch eh nicht und überhaupt: Jedes Kind und jede Mutter ist anders

„Klingt ja alles nett, aber unser Kind ist anders"

„Was du da sagst, ist ja schön und gut, aber bei meinem Kind funktioniert das nicht. Das ist totaler Quatsch, sein Kind mit anderen Augen zu sehen und sich nun permanent zu fragen, wer hier die Verantwortung hat. Ich meine, jedes Kind ist doch anders und auch alle Eltern sind anders. Da kann man doch keine pauschale Aussage treffen. Bei meinem Kind geht das nicht. Sie war schon immer anders und eben auffälliger als Gleichaltrige."

Mutter von Tochter, 5 Jahre

Ich möchte dir etwas mit auf dem Weg geben, falls du auch der Meinung bist, es ginge nicht ohne die harten Grenzen, Strafen und Konsequenzen oder es ginge von Natur aus nicht, weil du oder dein Kind „anders" seien. Es geht nicht um eine Methode, die man nach „Schema F" anwenden kann, sondern um eine grundlegende

Einstellung, wie man sich selbst und seine Mitmenschen sieht und ihnen gegenübertritt.

Natürlich kann ich mich hinstellen und sagen, dass ein Kind nicht funktioniert. Wie bei Geräten, die vielleicht „defekt" sind. Man verschwendet aber keine Sekunde daran, dass vielleicht der Anwender in der grundsätzlichen „Bedienung" (überspitzt gesagt) Fehler macht.

Ich habe alles schon probiert

Meist kommt dann in der weiteren Schilderung die Ausführung: „Aber ich habe doch schon alles probiert" Man sitzt in seiner Einbahnstraße fest und hat nur nach vorne gesehen.

Vielleicht hast du probiert, an ein paar Schräubchen zu drehen, aber hast du wirklich auch den Blick auf dich geworfen? Gerne darfst du die Frage für dich beantworten.

Auch, wenn das Problem noch so groß scheint, möchte ich behaupten, dass es immer eine Alternative zur Bestrafung geben sollte. Einem Kind aus eigener Ratlosigkeit heraus körperliche oder psychische Gewalt zuzufügen, darf keine Option sein – nie.

Alternativen zum Bestrafen

Allein aufs Zimmer schicken, TV-Verbot, Hausarrest, Ausgrenzung von Gemeinschaftsaktivitäten oder andere Maßnahmen, aus denen das Kind lernen soll, dass es „so nicht geht", sprechen häufig dafür, dass den Erwachsenen einfach keine alternativen Maßnahmen einfallen, um dem Kind zu zeigen, dass sein Verhalten in den Augen der Eltern falsch ist. Eigentlich möchten sie nur das Beste für ihr Kind, aber was will man tun, wenn es einfach nicht hört?

MEIN TIPP: HINTER DIE FASSADE SCHAUEN

Denke immer daran, dass dein Kind nicht grundlos handelt. Es möchte dir etwas sagen, kann es aber vielleicht nicht ausdrücken oder selbst nicht erkennen, was ihm fehlt. Schau hinter die Fassade und hinterfrage.

In den Arm nehmen und ehrlich sein

Wenn es dein Kind zulässt, nimm es in den Arm und sage ihm, dass du siehst, dass es gerade wütend/traurig/aufgebracht/enttäuscht ist, aber du nicht weißt warum. Es hilft deinem Kind, wenn es sich ernst genommen fühlt.

Gemeinsam das Feld räumen

Ein Kind allein auf sein Zimmer zu schicken oder zu isolieren, fühlt sich mies an und gleicht ebenfalls einer Bestrafung. Spiegle einmal die Vorstellung, wenn man dich des Raums verweisen würde.

Wenn eine Situation derart aus den Fugen gerät, dann verlasse mit dem Kind gemeinsam die Situation. Kleine Kinder kann man gut aus der Situation tragen. Bei größeren Kindern kannst du es zum Mitkommen auffordern: „Komm, lass uns etwas nach draußen gehen."

Nach dem Warum fragen

Kleinere Kinder können sich noch nicht so gut artikulieren, aber bei Kindern im Vorschul- oder Schulalter kannst du direkt fragen, warum sie wütend/traurig/enttäuscht sind. So kommst du näher an das Problem heran und findest sicher eine gute Lösung.

Idealerweise wartest du etwas ab, bis sich dein Kind beruhigt hat, sodass du keine hitzige Diskussion entfachst.

Gefühle aushalten

Natürlich sollst du dich nicht treten lassen oder schlagen. Du hast die Möglichkeit, das durch ein klares „Nein" zu äußern und dich zu schützen. Was soll aber daran schlimm sein, wenn dein Kind einmal wütend ist und beispielsweise laut motzt? Uns wurde anerzogen, dass wir unsere Gefühle verstecken müssen. Ja, wir schämen uns teilweise sogar für unsere Gefühle. Mach dein Problem nicht zu dem Problem deines Kindes. Biete ihm Möglichkeiten und Raum, Gefühle auszuleben.

Neutraler Erzähler sein

Gerade bei kleineren Kindern, die sich nicht so gut äußern können, hilft es, das Geschehene neutral zu schildern: „Du bist den Baum hochgeklettert. Dabei hat sich dein Kleid im Ast verfangen. Als du heruntergesprungen bist, ist es zerrissen. Dann hast du angefangen zu weinen." Wichtig ist: frei von Bewertung.

Selbst die Luft anhalten, Impulskontrolle

Im ersten Moment eines Konflikts sind wir drauf und dran, in die Abwehrhaltung zu gehen. Unsere eigenen Gefühle überrollen uns. Schon während das Gegenüber spricht, wappnen wir uns und machen uns bereit für den Gegenschlag. Was wäre, wenn du einfach einmal nichts sagst, die Luft anhältst, kurz wartest und die Situation ohne weitere Maßnahmen auslaufen lässt? Man muss nicht immer reagieren und noch eins draufsetzen. Manchmal ist es die bessere Antwort, nichts zu sagen.

Alternativen anbieten

In vielen Situationen, die dich wütend machen und bei denen du deinem Kind etwas verbieten möchtest, kannst du Alternativen finden. Beispielsweise kannst du deinem Kind eine Tafel an die Wand stellen, wenn es unbedingt gerne dort malen möchte. Damit umgehst du große Streitereien und machst alle glücklich.

Spielerisch zum Ziel führen

Dein Kind will sich mal wieder nicht umziehen oder Zähne putzen? Dann mach doch ein Spiel daraus. Kinder lieben es zu spielen und ganz nebenbei lernen sie dadurch etwas.

Verlasse selbst das Feld

Wenn du merkst, dass es gleich eskaliert, dann sag deinem Kind offen und ehrlich, dass du kurz einen Moment für dich brauchst, weil du gerade wütend wirst, und geh dann kurz Luft schnappen. Du machst dich damit berechenbar und schaffst es, dich selbst zu kontrollieren.

Genauso kann auch dein Kind sich aus der Situation zurückziehen (nicht gleichzusetzen mit dem „Geh auf dein Zimmer"). Wenn dein Kind sich freiwillig aus der Situation zurückziehen will und Ruhe braucht, dann gib ihm diese Freiheit.

Es gut sein lassen

Wir reden gerne. Gerade, wenn wir Konflikte austragen, neigen wir zu ellenlangen Erklärungen, die vom Kind manchmal sogar mit einem „Ja, ja" beantwortet werden. Achte darauf, dass du deine Sichtweise und deine Wünsche einmal schilderst, aber nicht ständig wieder nachtrittst mit dem bekannten „Hast du es verstanden?".

Genauso kannst du es gut sein lassen, wenn du merkst, dass dein Kind sich selbst schon über Umstände ärgert, etwa wenn ihm etwas kaputtgegangen ist.

Du kannst dich entschuldigen

Sollte es doch einmal passieren, dass du willkürlich handelst und ungerechte Entscheidungen fällst, dann hast du immer die Möglichkeit, dich zu entschuldigen und diese zurückzunehmen. Manchmal kommt die Einsicht einfach ein wenig später.

Unsere Kinder sind gut – sie sind nicht schuld daran, wenn wir überfordert sind

Die wohl wichtigste Tatsache ist die, dass unsere Kinder gut sind. Dafür müssen sie nichts tun, sie sind es von Geburt an und führen nichts Böses im Schilde. Sie kommen fertig zur Welt und lernen anhand unseres Handelns, wie sie sich in der Welt zurechtfinden können. Der Schluss liegt nahe, dass sich unsere Kinder doof verhalten, weil wir ihnen gezeigt haben, wie das geht. Auch wenn wir es manchmal gar nicht merken, so leben wir ständig und immer vor. Wir sind sozusagen die „Zeiger". Die Kinder beobachten sehr gut und ahmen nach. Sie sehen uns zu, wie wir in bestimmten Situationen reagieren und ziehen daraus ihre Schlüsse.

Leider vergessen wir oft, dass unsere Kinder tolle, gute und liebenswerte Menschen sind und neigen dazu, sie madig zu machen. Wie oft rutscht uns ein „Sie treiben mich in den Wahnsinn" heraus?

Genauso oft bekomme ich Zuschriften mit folgendem Wortlaut: *„Ich habe wirklich alles versucht. Ich mache ihnen alles recht, ich bin gut zu ihnen und trotzdem wissen sie es einfach nicht zu schätzen."*

Schon ist es passiert. Wir schlüpfen ganz unbemerkt in die Opferrolle. Wir fühlen uns schlecht und haben das Gefühl, dass unsere Kinder uns das Leben schwer machen (möchten). Manche Kinder hauen, beißen oder zertrümmern Gegenstände, während Eltern machtlos danebenstehen und trotzdem gilt: Kinder sind gut, immer.

Machen wir kein Geheimnis darum: Das Zusammenleben und Begleiten von Kindern ist anstrengend. Wir werden vor ungeahnte Herausforderungen gestellt, kommen an unsere Grenzen, vergießen Tränen, sind ratlos, manchmal sogar fassungslos.

Ob wir aber in die Opferrolle schlüpfen und alles schwarzsehen, das entscheiden wir selbst. Das Glas ist immer halb voll, nie halb leer. Wir sitzen da, haben ein Problem und finden keinen Ausweg. Wenn wir uns aber als Opfer sehen, weil die Kinder ja „so böse" sind, schieben wir ihnen den schwarzen Peter für unsere eigene Unfähigkeit zu, eine Lösung zu finden/zu sehen. Die Verantwortung wird in diesem Moment eins zu eins auf dem Kind abgeladen. Noch fieser wird es, wenn dieses „Meine Kinder sind Tyrannen" mit Schuldgefühlen, Bannbotschaften (siehe unter „Dinge, die wir nicht sagen sollten") und Ablehnung einhergeht.

Solltest du an den Punkt kommen und denken, dass deine Kinder dir auf der Nase herumtanzen und du sprichwörtlich mit Füßen von ihnen getreten wirst, dann ist es Zeit zu handeln.

Der Realität ins Auge sehen

Das Zusammenleben kann nicht immer harmonisch sein, egal ob Partnerschaft oder das Leben mit unseren Kindern. Es ist nicht möglich, dass man immer einer Meinung ist.

MEIN TIPP: REFLEKTIERE IN STREITSITUATIONEN ODER MOMENTEN, DIE ZU ESKALIEREN DROHEN

Lohnt sich der Streit überhaupt?

Finde ich mich vielleicht gerade in einem Machtkampf wieder?

Habe ich vielleicht eine fixe Vorstellung im Kopf davon, wie die Situation im Optimalfall aussehen sollte?

Bin ich vielleicht zu perfektionistisch?

Ist es wichtig, dass ich darauf bestehe, lohnt es sich zu kämpfen und die Bedürfnisse meines Kindes zu übergehen?

Schuldig und nicht schuldig

Wir neigen dazu, bei Konflikten ständig Posten vergeben zu wollen: Der eine hat Schuld, der andere ist freizusprechen. Doch so ist es nicht. Meist kippt eine Situation durch bestimmte Auslöser (Trigger), die wir mit uns tragen. Es fließen viele Komponenten ein, und jeder hat sicher einen guten Grund, warum er seinen Standpunkt vertritt. Nun einfach herzugehen und Schuld zuzuweisen, ist wenig konstruktiv, zumal dabei die Kinder meist den Kürzeren ziehen.

Verabschiede dich von dem Gedanken, dass bei jedem Konflikt jemand für schuldig erklärt werden muss. Findet im besten Falle gemeinsam eine Lösung, die im Sinne aller ist und die Bedürfnisse aller wahrt. Sich in die Opferrolle zu flüchten und zu behaupten „Aber ich habe ja alles versucht, sie wollen ja nicht" ist recht einfach.

Auch wenn es hart klingt: Du bist in dem Fall der Erwachsene. Da hilft es nicht, sich wie ein weinendes Kind im übertragenen Sinne auf den Boden zu schmeißen und zu schimpfen, dass dich dein Kind ärgert. Es ist dein Kind und es ist nicht dafür zuständig, dich bei Laune zu halten.

Bedürfnisse erkennen und richtig zuordnen

Bei jedem, wirklich jedem Konflikt spielen Bedürfnisse eine große Rolle und nicht nur da, sondern auch in unserem gesamten Alltag. Am einfachsten erkennen wir unsere Grundbedürfnisse, wie zum Beispiel das Bedürfnis nach Schlaf (du bist müde) oder Nahrung (du verspürst Hunger).

Unsere Gefühle sind wahre Informationsträger. Sie teilen uns unsere Bedürfnisse mit. Leider ist es auf den ersten Blick nicht immer direkt ersichtlich, welches Bedürfnis sich hinter dem aktuellen Gefühl versteckt. Hier verbergen sich emotionale Bedürfnisse wie Selbstbestimmung, Ruhe oder Geborgenheit.

Werden wir sauer, weil unsere Kinder sich streiten, so ist unsere Wut der Träger der Information. Wir haben vielleicht Angst (Bedürfnis nach Sicherheit), oder sind genervt, weil es laut ist (Bedürfnis nach Ruhe). Werde dir deiner Gefühle bewusst und auch, wenn es im ersten Moment vielleicht komisch klingt: Höre in dich hinein, was deine Gefühle dir für eine Botschaft übermitteln. So erkennst du, was du eigentlich im Moment brauchst.

Deinem Kind fällt dies je nach Alter wesentlich schwerer. Deshalb solltest du ihm helfen und gut beobachten, welches Bedürfnis gerade zum Ausdruck kommt. Egal, wie sich dein Kind gerade verhält – du kannst dir sicher sein, dass es sich niemals gegen dich als Person richtet. Es versucht bei Konflikten, seine Bedürfnisse zu stillen. Mit dieser Erkenntnis wird aus einem beißenden Kind schnell ein Kind, das Geborgenheit sucht und Aufmerksamkeit geschenkt bekommen möchte.

Warum Kinder gut sind

Dieser Abschnitt soll dir helfen, wenn du einmal wieder Gefahr läufst, in die Opferrolle zu fallen. Es hilft, sich in solchen Momenten darauf zu besinnen, warum Kinder toll sind.

- Kinder sind unser Spiegelbild. Sie spiegeln unser Verhalten und unsere Lebensart. Wir können durch sie so viel über uns lernen.
- Kinder handeln immer in guten Absichten. Wenn sie „Dummheiten machen", dann weil sie für sich etwas tun wollten.
- Kinder kennen keine Vorurteile gegenüber anderen Menschen. Kinder unterscheiden nicht nach Äußerlichkeiten.
- Kinder sind von Natur aus kooperativ.
- Kinder sind nicht nachtragend.

Wenn es uns gelingt, bei unseren Kindern nicht nur das Verhalten zu sehen, sondern auch das Bedürfnis, das hinter dem Verhalten liegt, dann sind wir in der Lage, mehr Verständnis für unsere Kinder zu entwickeln. Im gleichen Atemzug fällt es uns viel, viel leichter, die eigenen negativen Gefühle zu beherrschen und zu erkennen, dass hier lediglich zwei unterschiedliche Bedürfnisse miteinander konkurrieren.

MEIN TIPP: SICH IMMER WIEDER BEWUSST MACHEN, DASS KINDER GUT SIND

Mach dir in schlimmen Situationen deshalb immer wieder bewusst: Kinder sind gut. Sie sind Meister darin, uns zu spiegeln, und wenn wir sie anblicken, sehen wir ein Stückchen weit uns selbst. Sie haben keine bösen Grundabsichten, sie planen keine Intrigen und gehen vorurteilsfrei durch die Welt. Ihre Kooperationsfähigkeit macht es uns leicht, Kompromisse zu schließen und für alle Seiten Gutes zu bewirken.

Welche Angst haben wir vor dem „Nein"? Was haben wir zu verlieren?

Mich beschäftigte lange Zeit eine Frage ganz besonders: Warum fällt es uns so schwer, „Nein" zu sagen und es darauf beruhen zu lassen? Welche Angst steckt dahinter? Warum meinen wir etwas nachschieben zu müssen, sodass dieses „Nein" auch ordentlich Nachdruck bekommt?

Angst, dass das „Nein" nicht wirkt

Liegt es daran, dass wir Angst haben, dass unsere Kinder nicht Folge leisten würden und dann keinen Ausweg mehr sehen? Oder liegt es daran, dass wir dann plötzlich merken würden, wie viele unserer Neins tatsächlich willkürlich sind und keinen Bestand haben? Vielleicht ist es uns auch zu anstrengend, manchmal Kompromisse zu finden oder uns Gedanken über Lösungen zu machen, und so verkneifen wir uns das „Nein" und bringen wesentlich schneller das „Wenn du das nicht machst, dann ..." heraus.

Angst vor Ablehnung

Ich kann dir eines sagen: Du musst keine Angst haben! Wenn dein „Nein" logisch nachvollziehbar ist, dann wird es Bestand haben und von deinem Kind akzeptiert werden. Wenn du das Neinsagen dosiert einsetzt, wird das Kind kein Bedürfnis haben, dagegen zu kämpfen, es sei denn, es sieht seine Bedürfnisse unerfüllt. Wenn dir dein „Nein" wichtig ist, dann kannst du darauf bestehen, ohne Strafen einzusetzen. Solange es wenige „Neins" bleiben und du generell viel lieber „Ja" sagst, ist das doch total okay. Dein Kind wird dich für ein logisches „Nein" nicht hassen und die Welt wird davon nicht untergehen – im Gegenteil. Es selbst lernt mit großer Wahrscheinlichkeit, „Ja" und „Nein" genauso bedacht einzusetzen.

Die Motivation für den Tag ist im Keller, was tun?

Wenn manchmal gar nichts mehr geht, habe ich einen Notfallplan, um mich aufzurappeln und neue Motivation zu schöpfen. Mit Kindern einfach liegen zu bleiben, steht nicht zur Debatte, auch wenn der Gedanke wirklich schön wäre.

Wir können damit rechnen, dass unsere Kinder gerade an den Tagen freudestrahlend aus dem Bett hüpfen, wenn wir uns am liebsten noch ein paar Mal umdrehen würden, um wieder in den Schlaf zu sinken.

Fünf Schritte können dir dabei helfen, dass du zumindest in die Spur kommst.

Frische Luft hereinlassen

Auch wenn es draußen kalt ist, solltest du jeden Morgen die gesamte Wohnung einmal komplett durchlüften. So kann nicht nur der Mensch kräftig durchatmen, so verschwindet auch der Muff auf wundervolle Art und Weise und schafft Platz für neue Energie.

Unliebsames direkt als Erstes erledigen

Nicht jede Arbeit, die ansteht, ist immer schön. Doch auch diese Aufgaben müssen getan werden. Am besten ist es, du erledigst genau solche Sachen direkt am Morgen (vielleicht während alles gut durchlüftet wird). Der Vorteil für den restlichen Tag: Du hast es hinter dir.

Diese Tatsache macht die Aufgaben nicht weniger unliebsam, aber du hast den restlichen Tag im Optimalfall nur noch mit Dingen zu tun, die du gerne erledigst.

Überlege dir, welche Sachen du überhaupt nicht gerne machst und welche in deinen Morgen passen. Idealerweise kannst du sie erledigen, wenn die Kinder noch im Bett sind oder bereits in der Schule oder im Kindergarten.

Solltest du mit den Kindern zusammen zu Hause sein, findet sich am Morgen sicher ein kleines Zeitfenster für diese Erledigungen. Bei ungünstigen Arbeitszeiten kann es sein, dass du solche Aufgaben bis in den Nachmittag mit dir herumtragen musst, aber auch dann gilt: Mach sie direkt, damit sie sich nicht bis abends in deinem Kopf breitmachen und einen negativen „Schatten" vorauswerfen.

Zu viel vorgenommen?

Plane nicht mehr als drei wichtige/größere Aufgaben am Tag ein. Das ist eine Zahl, die du auf jeden Fall schaffen kannst und die dich nicht zu sehr unter Druck setzt.

Wir neigen dazu, uns immer viel zu viel vorzunehmen und sind dann frustriert darüber, dass wir wieder „nichts" geschafft haben. Dabei liegt der Fehler oft von vornherein darin, dass es gar nicht zu machen war. Mit Kindern ist es ohnehin oft nicht einfach, vor allem den Haushaltsaufgaben gerecht zu werden. Wie bereits im Buch beschrieben, solltest du hier wirklich Prioritäten für dich und die Familie setzen.

Essen und Trinken nicht vergessen

Körperliche Mattheit kann auch vorkommen, wenn du zu wenig trinkst oder zu wenig beziehungsweise unregelmäßig isst. Die Folge können Kopfschmerzen sein oder Konzentrationsschwächen. Achte deshalb besonders darauf, dass du ausreichend trinkst und auch in regelmäßigen Abständen Mahlzeiten zu dir nimmst. Nicht zuletzt hast du eine Vorbildfunktion für deine Kinder.

DU BIST DRAN!

Indem du dir ein volles Wasserglas in deinen Sichtbereich stellst, erinnerst du dich selbst ans Trinken. Zudem kannst du auch hier auf Apps zurückgreifen, die dich per Signal oder Benachrichtigung erinnern.

Fühl dich wohl!

Ich bin der Typ Mensch, der zu Hause gerne bequeme Sachen trägt, sich aber auch gerne schick anzieht, wenn er das Haus verlässt. Wenn du dich wohlfühlst, steigt auch deine Motivation. Wenn dir danach ist, zu Hause ein Kleid zu tragen, warum nicht!

Stress abbauen

Wie ich schon erwähnt habe, bin ich der Ansicht, dass es wesentlich besser ist, den Stress gar nicht erst hochkochen zu lassen und vorbeugend Maßnahmen zu ergreifen.

Dauerhafter Stress kann nicht nur unser Verhältnis zu den Kindern lahmlegen, sondern sogar gesundheitliche Folgen haben oder bis zum Burn-out führen. Lassen wir es am besten gar nicht erst so weit kommen.

Bewegen

Ich weiß, ich weiß, wenn ich jetzt schreibe, dass Sport guttut, dann fragst du dich sicher, wann du das auch noch schaffen sollst. Da hast du recht. Trotzdem ist es bewiesen, dass bei körperlicher Betätigung Glückshormone ausgeschüttet werden. Jetzt kommt der gute Teil der Geschichte. Als Mutter dürfte uns das gar nicht so schwerfallen. Ob wir Rad fahren mit den Kindern, im Garten toben, spazieren gehen oder im Beet graben – all das fällt unter aktiv bleiben. Nicht nur uns machen wir damit eine Freude, sondern auch unserem Körper.

Gefühle zulassen

Wir sind Menschen und keine Puppen. Natürlich haben wir Gefühle, und es tut gut, diese zu zeigen. Es kommt auf das Wie an. Sie ungefiltert am Partner oder Kind auszulassen, wäre die falsche Methode, aber einfach mal den PC anzuschreien oder auf dem Boden aufstampfen tut niemandem weh und verletzt keine Gefühle. Manchen Menschen hilft es, sich am Boxsack auszulassen, andere gehen direkt los und powern sich sportlich aus. Bestimmt findest du einen Weg, deine Gefühle zuzulassen, ohne andere Menschen dabei in den Tunnel hineinzuziehen.

Atmen, atmen, atmen

Das ist meine Lieblingsmethode. Wenn mir mal wieder so richtig etwas gegen den Strich geht, konzentriere ich mich auf die Atmung. Ein paar Sekunden tief durchatmen kann wahre Wunder bewirken und den Stress mildern.

Mit sich selbst Gespräche ausführen, die man nie führen würde

Bevor man aufgrund schlechter Laune dem Partner etwas Dummes an den Kopf wirft, hilft es, mit sich selbst zu reden. Hierzu hat sogar eine wissenschaftliche Studie belegt, dass Selbstgespräche zur Aggressionsminderung beitragen, Stress abbauen und einen objektiven Blickwinkel ermöglichen.

Schokolade hilft

Dazu muss man wohl nicht viel schreiben. Es ist allseits bekannt, dass Schokolade glücklich macht. Der Nachteil ist natürlich, dass sie sich ungünstig auf unseren Körper auswirkt.

Nimm es mit Humor

Es hilft wirklich nicht, alles schwarzzumalen und verbissen zu sehen. Schlechte Momente mit Humor zu nehmen hilft dabei, schnell darüber hinwegzukommen.

Beiß dich nicht an Dingen fest, die du nicht in der Hand hast

Manchmal hilft es, Situationen einfach als gegeben zu betrachten. Je mehr wir darüber nachdenken, wie schlimm die Situation ist, desto größer ist unser Stresslevel. Geht man mit der Einstellung heran, dass man es ohnehin nicht ändern kann, aber trotzdem versucht, das Beste draus zu machen, fällt es leichter.

Meine zehn Schlüssel für eine entspannte Erziehung

Es ist noch gar nicht so lange her, da bemerkte ich an mir selbst, wie oft ich den Kindern gegenüber laut wurde. Ehrlich gesagt, war ich genervt von mir selbst. Du wirst dir nun vielleicht denken: „Kann man von sich selbst genervt sein?" Ja, das kann man! Also nahm ich mir fest vor, mein Verhalten zu bessern und der Gernervtheit den Kampf anzusagen. Dabei entdeckte ich ein paar Schräubchen, an denen man drehen muss, und schon flutscht die Sache mit der Erziehung besser.

#1 Die Vom-Kind-Genervtheit-Schrei-Formel

Glücklicherweise ist mir ein Licht aufgegangen: Schreie ich weniger, bin ich selbst entspannter. Bin ich selbst entspannter = Kinder entspannter. Ich möchte nicht behaupten, dass wir eine Friede-Freude-Eierkuchen-Familie sind, aber die negativ behafteten Momente haben doch stark abgenommen. Das Tolle dabei ist: Jeder kann das, man muss es nur wollen. Auch die Kinder merken natürlich, dass es wesentlich leiser zu Hause zugeht und fallen ebenfalls in eine entspanntere Grundstimmung.

#2 Präventionsmaßnahmen

Früher habe ich aus meiner Sicht nicht genug deeskalierend gewirkt oder vorab schon mitgedacht. Ich wusste, dass die Kinder abends müde im Bad stehen und irgendwann an den Punkt kommen, überdreht zu sein. Trotzdem haben wir lange keine Zeiten angepasst. Ich wusste auch, dass die Kids morgens einfach länger brauchen, bis sie wach sind und im Bad trödeln. Auch da dachten wir lange nicht daran, einfach eher aufzustehen. Die Lösungen sind manchmal so einfach, und doch erkennt man den Wald vor lauter Bäumen nicht. Das Hauptgericht wurde nicht gegessen, weil Joghurt auf dem Tisch stand. Nun ist der Joghurt weg und wird erst nach der Mahlzeit „gereicht". Ein anderes Beispiel: Der Mittlere stritt mit dem Großen um Fahrzeuge. Nun gibt es vorab Vereinbarungen, wer wie lange und mit was spielen möchte. Schlussendlich kann man also sagen, dass etliche Knackpunkte schon vorher beseitigt werden können, und gerade wir Eltern kennen die Gründe, die täglich aufs Neue bei den Kids für Konflikte sorgen.

#3 Selbst mal Kind sein

Leider vergesse ich viel zu oft, dass ich selbst einmal ein Kind war. Dabei hilft es mir sehr, wenn ich versuche, mich in mein „inneres Kind" zu versetzen und zu überlegen, wie ich damals selbst war, wie ich reagiert hätte und was ich mir gewünscht habe. Oftmals ist es gar nicht so weit von dem entfernt, wie sich nun meine Kids verhalten oder was sie sich wünschen. Erstaunlicherweise erkenne ich sogar ein paar „Macken" eins zu eins in meinen Kindern wieder. Es ist eigentlich absurd, darauf (also um genau zu sein auf sich selbst) sauer zu sein, oder? Wir sind es aber trotzdem oft genug.

#4 Gleichgesinnte suchen

Es ist gut, sich auszutauschen und mit anderen Müttern darüber zu sprechen, welche Erfahrungen sie gemacht haben und welche Wege sie gefunden haben. Ich rede mit Freundinnen ehrlich über Probleme mit den Kindern oder auch mit meiner eigenen Mutter und ich frage auch oft nach, wie ich selbst als Kind gewesen bin.

Du hältst dieses Buch in der Hand und weißt damit, dass du auf keinen Fall allein bist. Ich bin mir sicher, dass uns Austausch mit Menschen wertvoll ist, die ebenfalls bereit sind, die Hosen herunterzulassen. Die perfekte Mutter gibt es nicht, jeder macht einmal Fehler. Dieses Wissen solltest du immer in dir tragen.

#5 Situationen genauer beobachten

Auch hier habe ich dazugelernt. Ich habe mich so oft dabei erwischt, dass ich gar nicht richtig „in der Situation war" oder Dinge nur am Rande wahrgenommen, manchmal sogar überhört habe oder gar vom Telefon abgelenkt war, sodass ich Situationen entweder fehlinterpretiert habe oder gar nicht erst mitbekommen habe. Das Resultat daraus kann man sich vorstellen: Kind A streitet mit seinem Geschwisterkind wegen eines Spielzeuges. Es geht hin und her, bis es eskaliert. Würde man beobachten, könnte man regulierend eingreifen oder zumindest einschätzen, warum es eskaliert ist und dementsprechend aufklären. So ist eine Beurteilung gar nicht möglich und eine Mutter, die dann wie angestochen rumschreit: „Seid doch endlich mal still!" hilft weder dem Kind A noch dem Kind B, denn es löst den eigentlichen Konflikt ja gar nicht, macht aber oftmals die Situation umso schlimmer. Beobachte Situationen genau und verkneife dir ein Urteil, wenn du sie nicht zweifelsfrei beurteilen kannst.

#6 Sich aktiv Auszeiten gönnen

Früher habe ich viel zu wenig auf mich geachtet. Es drehte sich alles um die Kinder, und ich hatte den Ansporn, stets da zu sein und zu funktionieren. Heute ist das anders. Ich gönne mir Auszeiten! Ja, ich gönne mir einmal wöchentlich MEIN Vollbad, und da möchte ich nicht, dass mir ein Plastikboot entgegenschwimmt oder mir bunte Badeperlen ins Wasser gekippt werden. Ja, ich bestehe am Wochenende darauf, dass ich mit meinem Mann nach dem Frühstück noch eine halbe Stunde sitzen bleiben kann, um auch mal mit ihm ein zweisames Gespräch zu führen.

Das alles tue ich für mich und zweitrangig dafür, dass es hier funktioniert. Wenn es mir guttut, Freundinnen zu besuchen oder beim Frisör zu sitzen, dann ist das MEIN Empfinden und dann vertrete ich meine Ansicht und stehe dahinter. Mir wurde mal gesagt: Nur wer mit sich selbst im Reinen ist, kann das auch mit anderen sein ... irgendwie ist da meiner Meinung nach etwas dran. Mit sich selbst im Einklang sein geht für mich jedoch nur mit einer wichtigen Komponente: Zufriedenheit.

Vergiss daher niemals, dass auch du Bedürfnisse hast, die erfüllt werden sollten.

#7 Seinen Standpunkt vertreten

Genauso wichtig ist es, klare Absprachen einzuhalten. Wir haben vor einiger Zeit abends noch einen kurzen Film auf dem Tablet geschaut und stellten fest, dass die Kids kurz vor dem Zubettgehen eher aufgewühlt waren, als dass sie runterfahren konnten. Also haben wir den Film in die Nachmittagsstunden geschoben. Die Kids finden es blöd. Es ist ihnen egal, dass sie vielleicht dafür schon um 17 Uhr etwas schauen dürfen, aber wir bleiben bei unserem Standpunkt. Wir erklären ihnen auch, warum wir das so beschlossen haben, und ich stelle fest, dass es wirklich besser funktioniert, wenn die Kids wissen: „Okay, sie sagt das jetzt nicht nur für heute mal so, nein, sie bleibt dabei." Nach drei bis vier Tagen hat abends niemand mehr nach dem Film gefragt, auch wenn es sicher immer noch doof ist für die Kids, dass sie nun kein „TV im Bett" mehr haben. Viele Dinge in unserem Alltag sind verhandelbar. Es gibt jedoch wenige Punkte, die wir nicht verhandeln (wollen oder können).

Wenn du einen Standpunkt hast, sollte dieser logisch begründbar sein und nicht von Willkür gezeichnet. Überlege dir gut, bei welchen Punkten es wert ist, überhaupt einen festen Standpunkt zu haben. Fällt ein Nein, dann ist es okay. Halte die Wut und Enttäuschung deines Kindes aus und begleite es liebevoll.

#8 Ist-es-wirklich-wichtig-Überlegungen

Okay, ich gebe es zu: Ab und an (vielleicht früher sogar sehr häufig) habe ich aus Mücken Elefanten gemacht. Ich bin von Berufung „Dramaqueen", und ich kann mich prima in Nichtigkeiten hineinsteigern oder denke bei Problemen über zwanzigtausend Lösungsansätze nach.

Teilweise hat es bei mir gereicht, dass sich die Kinder vollgekleckert haben, obwohl sie ihre T-Shirts gerade mal Minuten anhatten. Mich haben offen gelassene Klodeckel aufgeregt. Ich habe es gehasst, wenn die Türen nicht geschlossen wurden, und mich hat es super aufgeregt, wenn das Kind sichtlich auf Toilette musste, aber einfach nicht ging. Ich hätte schreien können, wenn das Kind Freunde zu Besuch hatte und das zuvor aufgeräumte Kinderzimmer einem Minenfeld glich.

Es gab für mich viele kleine Punkte, die aus heutiger Sicht grundlos zu großer Aufregung führten. Manche dieser kleinen Punkte erledigen sich sogar von selbst oder es folgt eine Konsequenz ohne mein Zutun. Geht das Kind nicht aufs Klo, ist die Hose eben nass und es muss sich umziehen und waschen. Ist ein Shirt vollgematscht, dann ist das heute kein Grund mehr für Unmut. Ich erwarte dann einfach eigenständiges Umziehen (je nach Alter natürlich). Dass die Türen nicht geschlossen werden, ärgert mich auch heute noch, aber mich nervt es viel mehr, ständig daran zu erinnern. Ich schließe die Türen einfach selbst im Wohnbereich. Das Kinderzimmer? Tja, da verweise ich dann mal einfach auf Punkt #3!

#9 Kompromissbereitschaft

Ich bin keine Mama, die sich für eine „Laissez-faire-Erziehung" ausspricht (also neutral/passiv dem Kind gegenüber). Ich denke schon, dass meine Kinder ein Leitbild, Vorbild, einen Beschützer, Behüter, Vormacher oder wie auch immer brauchen.

Ich bin aber auch keine autoritäre Persönlichkeit. An der autoritären Erziehung (das meiste läuft bei einer autoritären Erziehung über Fremdbestimmung der Eltern) gefällt mir einfach nicht, dass meiner Meinung nach zu massiv in die Entscheidungsmöglichkeiten des Kindes eingegriffen wird. Ich lebe also ein Mittelding. Dabei spielt das Thema Kompromissbereitschaft eine große Rolle.

Ich habe mich früher oft als Erziehungsversagerin gefühlt, weil ich „klein" beigegeben habe. Für mich fühlte sich nachgeben einfach falsch an, und es schwebte mir immer ein „Na, wenn sie das später mal nicht ausnutzen werden" mit. Irgendwann wurde mir aber bewusst, dass mein Nachgeben gar kein Nachgeben ist, sondern vielmehr ein „In-der-Mitte-Treffen". Es ist die Bereitschaft, einen Kompromiss zu finden.

Natürlich gibt es Dinge, die bei uns nicht im Grundsatz diskutiert werden (Hygiene, in die Schule gehen u. Ä.), aber es ist für mich nicht mehr verwerflich, mit meinen Kindern „in Verhandlung zu gehen". Voraussetzung dafür ist natürlich, dass beide Seiten ehrlich in die Verhandlung gehen und das Ausgehandelte dann auch verbindlich ist.

So haben wir zum Beispiel miteinander ausgehandelt, dass an Tagen mit D der Spielplatz aufgesucht wird. Die Kinder möchten jeden Tag auf den Spielplatz. Wir Erwachsenen möchten eigentlich gar nicht dahin. Schon wurde ein Kompromiss beschlossen. Hinzu kommen viele kleine Kompromisse im Alltag: Das Kind wünscht sich ein besonderes Essen. Dann beziehe ich es beim Kochen mit ein. Möchte es länger wach bleiben, dann wird eine Zeit vereinbart und ausgemacht, dass es sich trotzdem vorher bettfertig macht. Kompromisse zu finden ist nicht immer leicht, aber es trägt eindeutig zur Harmonie bei, wenn alle Seiten ein bisschen „abgeben an die andere".

#10 Ersatzhandlung finden, wenn es mal richtig schlecht läuft

Ich bin keine Supermom und ich bin auch nicht unendlich belastbar. Seien wir doch mal ehrlich: Es gibt Tage, da läuft es einfach nicht, da da fühle ich mich mies und das darf ich dann auch. Wichtig ist für mich dabei, diesen inneren Groll nicht an den Kindern auszulassen, schon gar nicht unverschuldet. Habe ich dann doch mal richtig schlechte Momente, in denen ich am liebsten total ausrasten würde (mit Türen knallen usw.), versuche ich erst mal, das Zimmer zu verlassen. Es gibt Momente, da kann man auch beim besten Willen nicht direkt ruhig und sachlich antworten, aber emotional loszuschießen ist eben auch keine gute Lösung.

Ich gehe dann sehr oft in den Garten. Manchmal lege ich mich auch ins Bett und verschnaufe. Ich habe mir angewöhnt, dann mit offenen Karten zu spielen: „Ich bin heute leicht reizbar und schlecht drauf, weil ..." Gerne lese ich auch Bücher, die mich „erden" oder Blogbeiträge, die mir zeigen, wie wertvoll Familie doch ist.

In solchen Momenten ist es ein Geschenk, auf seinen Partner zählen zu können. Mein Mann erkennt meine Situation genauso gut wie ich sie bei ihm erkenne, und so ist es eine Art Teamplay geworden: sich gegenseitig aus der Patsche ziehen.

Wir gehen sogar so weit, dass wir uns bestimmte Aufgaben zuteilen. Ich weiß, dass er ein Morgenmuffel ist, also bin ich für die Kinder morgens im Bad zuständig. Er übernimmt diese Aufgabe dafür abends, weil er weiß, dass ich mit einem müden, weinenden Baby leichter die Nerven verliere, wenn beim Zähneputzen mal wieder geblödelt wird. Ich merke es allen von uns an, dass es entspannter zugeht, und auch andere beschreiben uns als locker. Dann nicke ich innerlich und denke mir: „Ja, das sind wir wirklich geworden ...“

Jetzt bist du dran – Praktische Helfer für dich

Mein Sohn sagte einmal zu mir: „Und weißt du, wenn ich groß bin, kannst du ja wieder machen, was du willst" Er hatte mit diesem Satz ins Schwarze getroffen. Es schien für ihn so, als müsste ich eine Aufgabe er- füllen, die ich gar nicht mochte. Es war niederschmet- ternd. Also begann ich das Projekt „entspannte Mutter".

Ich weiß, dass du es schaffen kannst, eine entspannte Mutter zu werden. Ich weiß, dass jeder in uns die Möglichkeiten trägt, seinen Alltag und auch die Erziehung deutlich zu entspannen und sich auf das Wesentliche zu besinnen. Tu dir etwas Gutes, tu deinen Kindern etwas Gutes und starte noch heute damit.

Mein persönliches Geheimnis sind meine drei Schlüssel. Ich möchte sie dir mit auf den Weg geben:

1. Dein eigenes Ich und wie du dich siehst
2. Der Umgang und die Beziehung zu deinen Kindern
3. Die Gestaltung deines Alltags mit deinem gesamten Umfeld

So verschieden jedes Kind ist und die Eltern sind, so verschieden sind auch die Möglichkeiten. Die einzige Antwort kann für mich also nur sein, seine Grundeinstellung zu überdenken und nicht irgendwelche Methoden zu fahren.

Ich hoffe, dass ich dir mit meinem Buch ein paar Anstöße geben konnte und du schon bald genauso entspannt wie ich deine Rolle als Mutter siehst.

Hast du noch Fragen? Dann schreib mir an info@mamahoch2.de. Weitere Inhalte zum Thema und zum kreativen Alltag mit Kind(ern) findest du auf meiner Seite www.mamahoch2.de.

Ich würde mich freuen, dich dort zu treffen und mich mit dir auszutauschen.

Deine Schlechte-Gefühle-Liste

Wer und was hat meine schlechten Gefühle ausgelöst?

Wie fühlt es sich an?

Gibt es dieses Gefühl in der eigenen Kindheit?

Erinnerung:

Hatte mein Kind ein unerfülltes Bedürfnis?

Welches Bedürfnis hatte ich?

Was kann ich besser machen?

Wie du die Negative-Konsequenzen-Liste verwendest

Mir ist aufgefallen, dass die Unterscheidung von natürlichen Folgen und negativen (auch logischen) Konsequenzen immer wieder Fragen aufwirft und ein „Ich bin ja gegen Strafen und setze auf Konsequenzen" häufig zu Irritation führt. In der Tat sind Konsequenzen, die willkürlich herbeigeführt werden, häufig nicht von Strafen zu unterscheiden und erzielen den gleichen Effekt.

Auch wenn manche meiner Beispiele überspitzt sind, so müsste dir auffallen, wie selbstverständlich wir sie bei Kindern einsetzen. Überlege dir, wie sich die Posten für dich anfühlen, die du bei Strafen/unlogischer Konsequenz eingeordnet hast.

Es würde dich kränken. Natürlich ärgerst du dich auch über natürliche Folgen, aber hier bist du in erster Linie vielmehr auf dich sauer als auf Dritte. Bei Spalte 1 fühlst du dich jedoch ungerecht behandelt oder bewusst benachteiligt.

Denke dich noch weiter hinein. Kannst du einen Unterschied feststellen, wenn du dich nun zwischen unlogischer Konsequenz oder Strafe entscheiden müsstest? Du würdest den letzten Teil in beiden Fällen unangemessen und übertrieben finden, oder nicht?

Warum gehen wir aber dann davon aus, dass unsere Kinder einen Unterschied zwischen Konsequenzen und Strafen erfühlen können, wenn nicht einmal wir das direkt auf Anhieb feststellen könnten?

Die Negative-Konsequenzen-Liste

Anbei liste ich dir einige Beispiele auf und bitte dich zu ergänzen, wie sich das für dich anfühlt. Entscheide selbst durch Ankreuzen. Alle Beispiele sind bewusst auf Erwachsene gemünzt, damit dir die Unterscheidung leichter fällt und bewusst macht, wie schwimmend Konsequenzen und Strafen sein können.

Beispielsituation
Du bist unachtsam und schüttest Wasser über ein Papier. Erst später merkst du, dass die darauf notierte Nummer verblichen ist.
Du hast falsch geparkt. Du bekommst ein fettes Bußgeld.
Du bist unpünktlich und verpasst den Bus.
Weil die Küche nicht aufgeräumt ist, möchte dein Mann heute keine Zeit mit dir verbringen.
Du hast die Zähne nicht ordentlich gepflegt. Jetzt bohrt der Zahnarzt.
Du hast bei deinem Job einen Fehler gemacht und dich mehrfach dafür entschuldigt. Dein Chef kürzt trotzdem dein Gehalt.
Du hast auf dem Smartphone eine Nachricht geschrieben und nicht auf die Straße geschaut. Dabei bist du unglücklich gestützt.
Du bekommst Fernsehverbot, weil du die Treppe nicht gewischt hast.
Dein Mann verlässt ohne dich das Restaurant, weil du noch nicht nach einer festgelegten Zeit aufgegessen hast.

Strafe/logische Konsequenz (Willkür durch Dritte)	Natürliche Folge

Notrufnummernblatt für Nichtleser

FOTO	Wichtiges in Kürze

TELEFONNUMMER deutlich geschrieben

Bedienungsanleitung Telefon

Wochen-Menüplan

Wochentag	morgens	mittags	abends	noch einzukaufen
Montag				
Dienstag				
Mittwoch				
Donnerstag				
Freitag				
Samstag				
Sonntag				

MAMAHOCH2 BLOG

Hier ein paar Bilder und Links zu meiner Seite und meinen Social-Media-Plattformen. ☺

www.mamahoch2.de
www.instagram.com/mamahoch2_blog
www.facebook.com/mamahoch2
www.shop.mamahoch2.de

DANKSAGUNG

Der größte Dank gilt meiner Familie. Ich möchte nur nebenbei erwähnen, dass es die wundervollste Familie auf dem Erdball ist – logisch! Meine Kinder zeigen mir jeden Tag immer wieder aufs Neue, dass wir unseren Weg gefunden haben. Wir sind ein Team, und es erfüllt mich mit Stolz, Teil dieses Teams zu sein. Wie oft sage ich so vor mich hin: „Bekommt Kinder!" Es ist Magie, es ist dieses unbändige Gefühl von Liebe und diese Sicherheit, mit ihnen das Beste im Leben geschaffen zu haben, und zugleich werden so viele Fragezeichen in ein Leben geschmissen. Ich danke euch für eure Echtheit, dafür, dass ihr mir jeden Tag etwas beibringt, dafür, dass ihr mich anspornt. Ich habe nur durch euch so vieles erkannt: Ja, ihr habt mich zu einem besseren Menschen gemacht.

Der zweite große Part gilt meinem Mann, meinem Fels in der Brandung, meinem Vertrauten und meinem größten Kritiker. Immer, wenn ich das Gefühl hatte, es wäre besser alles hinzuschmeißen, war er da und erinnerte mich an meine Träume und Ziele. Ich bin dir dankbar dafür, und ich weiß es zu schätzen, wie oft du mir den Rücken freigehalten hast. Ich liebe es, mit dir zu diskutieren und Thesen aufzustellen und sie anschließend wieder zu verwerfen. Danke, dass du mein Fels bist und niemals an mir gezweifelt hast.

Ebenso möchte ich hier die Großeltern erwähnen. Während ich dieses Buch verfasste, verbrachten unsere Kinder tolle Momente bei euch. Das gab mir die Freiheit, mich voll und ganz in die Arbeit stürzen zu können, und es gab mir das Gefühl, dass es den Kindern dabei gut geht. Ihr habt einen großen Teil dazu beigetragen, dass ich dieses Buch überhaupt angehen konnte. Ich weiß, dass wir jederzeit auf euch bauen können.

Ich danke meinen Freunden, dass sie mich so oft nach dem Stand der Dinge gefragt haben und ihre Anregungen einbrachten. Danke fürs kritische Hinterfragen, Markieren von Textzeilen und Ablenken, wenn mir das Schreiben einfach mal zu viel war.

Ein riesiges Danke geht an meine Leser und Community. Ohne euch wäre ich gar nicht hier und hätte niemals gewagt, auch nur daran zu denken, ein Buch zu schreiben. Ihr unterstützt mich so sehr, und viele von euch sind Mamahoch2-LeserInnen der ersten Stunde. Der Blog, die Community und auch ich selbst sind an euch gewachsen. Es ist ein liebevoller Austausch voller gleichgesinnter, kreativer Mütter. Ihr habt mich zum Umdenken bewegt und mich animiert, meine Erziehung grundsätzlich zu hinterfragen. Ohne euch gäbe es die Erfolgsgeschichte Mamahoch2 gar nicht. Jeder Kommentar und jeder Post hat Türen geöffnet und andere Mütter bestärkt, ebenfalls die eigene Sichtweise zu hinterfragen. Durch euch konnten wir mit Mamahoch2 Müttern eine Plattform bieten, die erzieherisch alternative Wege gehen möchten und gemeinsam mit dem Kind kreativ sein wollen.

Ich danke allen anderen Bloggern, die mich ein Stück weit auf meinem Weg begleitet haben. Danke fürs Empfehlen und Teilen meiner Beiträge. Danke für den Input und danke für die vielen großartigen Erziehungsaspekte, die ihr in die Welt hinaustragt.

Abschließend möchte ich meinem Verlag und dem weltbesten Programmleiter dafür danken, mich dazu animiert zu haben, dieses Buch überhaupt zu schreiben. Es ist ein gelebter Traum von mir. Danke, dass ihr solch ein wichtiges Thema in die Welt hinaustragt und mich in meiner Arbeit unterstützt.

Dieses Buch hätte es nicht ohne den Zuspruch, Liebe und das Vertrauen von euch gegeben. Wie oft hätte ich am liebsten den Laptop zugeklappt und das Projekt abgebrochen! Dann waren sie da – diese Menschen, die mich aufbauten und anspornten weiterzumachen und mir das Gefühl gaben, mit diesem Buch etwas Gutes zu tun. Auch wenn sich diese Menschen vielleicht gar nicht bewusst sind, welch eine Stütze und Antrieb sie in so vielen Momenten für mich waren.

Diese Bücher empfehle ich gerne

Seitdem ich Mutter bin, habe ich einige Bücher in Bezug auf die kindliche Entwicklung und das Elternsein gelesen. Die folgenden Bücher kann ich dir uneingeschränkt weiterempfehlen:

Aldort, Naomi. Von der Erziehung zur Einfühlung: Wie Eltern und Kinder gemeinsam wachsen können. Arbor Verlag, 2008.

Graf, Danielle und Seide, Katja. Das gewünschteste Wunschkind aller Zeiten treibt mich in den Wahnsinn. Beltz, 2018.

Juul, Jesper. Das kompetente Kind. Rowohlt Taschenbuch-Verlag, 2009.

Juul, Jesper. Leitwölfe sein. Beltz, 2018.

Kohn, Alfie. Liebe und Eigenständigkeit. Die Kunst bedingungsloser Elternschaft, jenseits von Belohnung und Bestrafung. Arbor Verlag, 2016.

Liedloff, Jane. Auf der Suche nach dem verlorenen Glück. Verlag C.H. Beck, 2017.

Mierau, Susanne. Geborgen wachsen. Kösel-Verlag, 2016.

Renz-Polster, Herbert. Menschenkinder. Kösel-Verlag, 2016.

Schulz von Thun, Friedemann. Miteinander reden 1. Rowohlt Verlag, 1981.

Platz für deine Notizen

Die besten Mama-Life-Hacks!

- Familien-Alltag im Griff und dennoch Zeit für sich: die besten Life-Hacks für Mamas von der Macherin des Erfolgs-Blogs „Familie Ordentlich"

- Endlich mehr Freude und Zufriedenheit für gestresste Mütter

- In 30 Tagen zum entspannten Mama-Dasein: Tipps & Tricks, die helfen, das Haushalts-Chaos zu beherrschen, obwohl die Kinder die volle Aufmerksamkeit fordern

Nicole Weiß

Familie Ordentlich

208 Seiten, 80 Fotos
14,5 x 21,5 cm, Softcover
ISBN 978-3-86910-415-7
€ 19,99 [D] / € 20,60 [A]

Der Ratgeber ist auch als eBook erhältlich.

Hochsensible Kinder verstehen

- **100 % praktisch:** Der Alltags-Ratgeber für Eltern von hochsensiblen Kindern

- **100 % wirksam:** Strategien für alle typischen Stress-Situationen

- **100 % passend:** Konkrete Tipps für alle prägenden Phasen – vom Babyalter bis zum Ende der Grundschulzeit

Mira Mondstein, Deva Wallow

Alle Antennen auf Empfang

184 Seiten
14,5 x 21,5 cm, Softcover
ISBN 978-3-86910-641-0
€ 19,99 [D] / € 20,60 [A]

Der Ratgeber ist auch als eBook erhältlich.

...bringt es auf den Punkt.

Erziehung
auf Augenhöhe

- Achtsamkeit – auch in der Kindererziehung

- Der praktische Eltern-Ratgeber: Mit kleinen Veränderungen zu mehr Harmonie und Verständnis im Familienalltag

- Geniale Rituale und Übungen, die sich leicht und schnell umsetzen lassen

Alexandra Karr-Meng

Kinder achtsam erziehen

208 Seiten
14,5 x 21,5 cm, Softcover
ISBN 978-3-86910-639-7
€ 19,99 [D] / € 20,60 [A]

Der Ratgeber ist auch als eBook erhältlich.